国家出版基金项目
NATIONAL PUBLICATION FOUNDATION

『认识中国·了解中国』书系

"十三五"时期国家重点出版物出版专项规划项目

中国式现代化与法治中国

冯玉军　王起超　著

Chinese Modernization and
Rule of Law in China

中国人民大学出版社
·北京·

本书系下列项目的研究成果

2023 年度北京市社科基金、北京市习近平新时代中国特色社会主义思想研究中心重大项目"在法治轨道上全面建设社会主义现代化国家研究",2022 年度国家社科基金重大项目"习近平法治思想的原创性贡献及其理论阐释研究"(22&ZD198),2022 年度研究阐释党的十九届六中全会精神国家社科基金重点项目"完善以宪法为核心的中国特色社会主义法律体系研究"(22AZD059),中国人民大学习近平新时代中国特色社会主义思想研究工程(22XNQ003),中国人民大学当代政党研究平台支持项目"加强党对全面依法治国领导研究"。

序言　在法治轨道上建设中国式现代化

一

　　法治是人类文明演进的制度成果，是迄今人类为驯服政治国家权力所找到的最有力的武器之一。法治也是中国共产党治国理政的基本方式。中国共产党领导人民不断探索实践，历经百年为当代中国发展进步、实现中华民族伟大复兴中国梦提供了创新理论和制度保障。从 1921 年建党到 1949 年新中国成立，从 1978 年党的十一届三中全会提出发展社会主义民主与法制新时期重大方针，到 2012 年党的十八大开启"全面依法治国"，再到 2022 年党的二十大提出"在法治轨道上全面建设社会主义现代化国家"的战略目标，党始终坚持把马克思主义基本原理同中国具体实际相结合，始终坚持民主建政、依法办事的路线方针政策，深刻总结国内外法律制度建设的正反两方面经验，走出中国特色社会主义法治道路，形成中国特色社会主义法律制度和法律体系，加强和完善国家治理，助推中国特色社会主义事业取得历史性成就。进入新时代以来，全面推进依法治国成就巨大，法治中国建设开创崭新局面。

全面依法治国、建设法治中国是坚持和发展中国特色社会主义的本质要求和重要保障，事关我们党执政兴国，事关人民幸福安康，事关党和国家事业发展，对推动经济持续健康发展，维护社会和谐稳定，实现社会公平正义，实现中华民族伟大复兴，具有重大的现实意义、深远的历史意义和广阔的世界意义。

全面依法治国、建设法治中国是发展社会主义民主政治，推进中国政治文明，实现社会整体现代化的必由之路。一个国家、一个社会靠什么办法来治理，古往今来众说纷纭，理论和实践当中主要围绕人治好还是法治好展开争论。人治的典型特征在于统治者个人或者极少数人说了算，这种治理方式除了出错率高之外，还经常造成人亡政息、难以为继的情况；而法治即依法治理，形式上包括"依法办事"的一整套制度安排及运行体制机制，实质上强调法律至上、权力制约、保障人权、程序公正和良法善治等价值原则。这两种治国方略的分界线不在于是否承认法律运行中人的因素，而是当法律与统治者个人意志发生冲突时，是法律高于个人意志，还是个人意志凌驾于法律之上，或者说，是"人依法"还是"法依人"。法治的最大优越性在于能够保持执政理念、路线和方针的连续性、稳定性、权威性，使之不因领导人的改变而改变。在深刻总结国内外经验教训的基础上，习近平总书记指出："人类社会发展的事实证明，依法治理是最可靠、最稳定的治理。"① 从实然的"中国法治"前进到应然的"法治中国"，尽管面临许许多多的困难与挑战，具体内容也会伴随着时代发展而有所增益，但它必然会体现中国特色社会主义的本质要求，体现改革开放和现代化建设的时代要求，体现结构内在统一而又多层次的国情要求，体现继承中国优秀法制文化传统和借鉴人类法制文明成果的文化要求，体现动态、开放、与时俱进的发展要求，体现巩固国家长治久安、确保人民安居乐业、维护社会公平正义、全面建设社会主义现代化国家的目标要求。

　　全面依法治国、建设法治中国是全面深化改革，发展社会主义市场经济，加快完善现代市场体系的内在要求。我国宪法法律规定实行公有制为主体、多种所有制经济共同发展的基本经济制度，确认国有企业是推进国家现代化、保障人民共同利益的重要力量，要求健全城乡发展一体化体制机制，推进城乡要素平等交换、公共资源均衡配置和基本公共服务均等化，坚持共享发展，走共同富裕的道路。这些重要的法律制度规定了社会主义经济的发展方向、价值目标、基本政

---

① 中共中央文献研究室. 习近平关于全面依法治国论述摘编. 北京：中央文献出版社，2015：63.

策和利益关系，用法律法规引导和规范改革，用法律确认和巩固改革成果，指引经济建设正确、合法、高效和安全前行。社会主义市场经济本质上是法治经济，它要求法律规则具有良好的包容性并得到公开、公正、平等的适用，规范与约束政府行为，保障产权和市场运行安全，保证市场主体平等地位，贯彻诚实信用原则，严格执法、公正司法，有效解决争议，降低交易成本，维护市场秩序。法治不仅是社会主义市场经济的内生变量，而且对社会主义市场经济的外部条件包括政府权力、社会环境以及文化意识等产生良好作用，不但可以弥补市场失灵的缺陷，也可以对社会主义市场经济的发展起到规范、保障、引领、推动等作用。体系化、制度化的法治具有自我推动、自我修复、自我实施等特点，可以持续为社会主义市场经济服务。

全面依法治国、建设法治中国是推进国家治理体系和治理能力现代化，全面建设社会主义现代化国家，巩固国家长治久安，确保人民安居乐业，维护社会公平正义的制度基石。法治是治理的载体、方式和必备要件，法治所蕴含的良法价值追求与国家治理相得益彰，并在政党、政府、社会治理中发挥着无可替代的重要功能。新形势下，经济社会发展速度与发展水平不断提高，法治进程稳步推进，但也面临着化解社会矛盾、解决社会问题、切实改善民生、确保食品安全、实现教育公平、建设生态文明、实现第二个百年奋斗目标、促进经济社会跨越式发展等一系列新任务。克服部门保护主义、地方保护主义、公器私用、以权谋私、贪赃枉法等，克服形式主义、官僚主义、享乐主义和奢靡之风，反对特权、惩治消极腐败等，都需要密织法律之网、强化法治之力。将社会主义核心价值观全面融入法治体系，以法治凝聚改革共识、规范发展行为、促进矛盾化解、保障社会和谐，推进治理水平与大国地位同步提升，改革、发展、稳定协调并进，实现广大人民群众的新期待、新要求。

全面依法治国、建设法治中国是提升党依法执政能力，巩固党的执政地位的基本途径。坚持党的领导、人民当家作主和依法治国有机统一，把全面从严治党与全面深化改革、全面依法治国有机结合起来，完善治理体系、提高治理能力，坚定中国特色社会主义道路自信、理论自信、制度自信、文化自信。依法执政不是弱化党的领导，而是通过建设政党法治，更好地夯实执政基础、拓宽执政渠道、转变执政方式、提升执政水平，保证执政党长期稳定执政。党和国家的治理体系包括两个方面：一是依规治党，坚持纪严于法、纪在法前，实现纪法分开，以党章党规为尺子，靠严明的纪律管全党治全党；二是依法治国，依据法律法规治国理政。确保党的政策与国家法律统一正确地实施，体现依规治党和依法治国有机统一。

全面依法治国、建设法治中国是增强中国在全球治理中的法治话语权，实现中华民族伟大复兴中国梦的重要保障。从历史和国际的视角看，中国梦、强国梦、法治梦一脉相承。全面依法治国将法治置于全球化大背景下进行思考与谋划，贯通全局、气势恢宏，是把中国文化、中国经验、中国模式推向世界，增强中国在国际社会的话语权和影响力，提升中国文化软实力的内在要求。王安石说过："立善法于天下，则天下治；立善法于一国，则一国治。"(《王安石文集·周公》)新征程上，建成法治中国，使之既体现全人类共同价值，又具有中国历史文化特色，既体现"良法"品格，又涵摄"善治"精髓，实现国家治理的现代化、法治化，非常重要。当今世界的竞争，关键是法治制度与规则制定权以及话语主导权的竞争。把握国际国内两个法治建设大局，全方位参与和引导全球治理，成为中华民族在国家竞争中立于不败之地、傲然屹立于世界民族之林的必然选择。

二

现代化是人类社会生产力发展到一定阶段的产物，是人类社会文明进步的重要标志①，更是世界各国孜孜以求的共同目标和伟大事业。一个国家走向现代化，既要遵循现代化的一般规律，更要符合本国实际，具有本国特色。习近平总书记指出："中国式现代化，是中国共产党领导的社会主义现代化，既有各国现代化的共同特征，更有基于自己国情的中国特色。"②

---

① 中共中央党校（国家行政学院）．习近平新时代中国特色社会主义思想基本问题．北京：人民出版社，2020：49-50．

② 习近平．高举中国特色社会主义伟大旗帜 为全面建设社会主义现代化国家而团结奋斗：在中国共产党第二十次全国代表大会上的报告．北京：人民出版社，2022：22．

党的二十大从全球大视野和中国大历史出发，透彻分析了当前国际国内形势的深刻变化，作出了"世界之变、时代之变、历史之变正以前所未有的方式展开""我国发展进入战略机遇和风险挑战并存、不确定难预料因素增多的时期"等一系列重要判断，宏观把握新时代正面临"两个一百年"奋斗目标的历史性交替、社会主要矛盾的历史性变化、中国发展模式的历史性转型、现代科学技术的历史性变革、世界百年未有之大变局、社会主义的历史性跨越，从而在借鉴各国现代化共同特征并坚持在自己国情的中国特色的基础上，明确以中国式现代化全面推进中华民族伟大复兴。从中国式现代化的方位、阶段、特征看，它是人口规模巨大的现代化、全体人民共同富裕的现代化、物质文明和精神文明相协调的现代化、人与自然和谐共生的现代化、走和平发展道路的现代化。

中国特色社会主义法治道路本质上就是指在法治轨道上建设中国式现代化的根本道路。它是我们党带领中国人民在改革开放、建设社会主义法治国家实践中走出来的，符合中国国情和中国人民意愿，能够更好推动人的全面发展、社会全面进步的法治发展新路；是中国共产党领导的社会主义现代化和法治化融贯统一，沿着中国特色社会主义法治道路，以建设社会主义法治体系和法治国家为目标模式，在实现从法治大国到法治强国的根本转型过程中所形成的中华现代法治文明。既遵循世界法治发展演进的普遍规律、共同特征，更具有基于本国国情和文明传统的中国特色、中国气派，必须认真省察。

三

马克思说过："问题是时代的格言，是表现时代自己内心状态的最实际的呼声。"[①] 习近平总书记也深刻指出："只有立足于时代去解决特定的时代问题，才能推动这个时代的社会进步；只有立足于时代去倾听这些特定的时代声音，才能吹响促进社会和谐的时代号角。"[②] 习近平法治思想内涵丰富、论述深刻、逻辑严密、系统完备，从历史和现实相贯通、国际和国内相关联、理论和实际相结合上深刻回答了新时代为什么实行全面依法治国、怎样实行全面依法治国等一系列重大问题。习近平法治思想是顺应实现中华民族伟大复兴时代要求的重大理论创新成果，是马克思主义法治理论中国化最新成果，是习近平新时代中国特色社会主义思想的重要组成部分，是全面依法治国的根本遵循和行动指南。

本书各主要部分意旨如下：导论通过对法治现代化理论及其源流的宏观梳理与综述，将习近平法治思想与党的二十大报告的法治建设专章和法治现代化经典范式衔接起来，发现其结合新时代实践而作出的原创性贡献。从思想上拓展了立足于中国特色社会主义道路自信、理论自信、制度自信、

---

① 马克思，恩格斯．马克思恩格斯全集：第1卷．2版．北京：人民出版社，1995：203.

② 习近平．之江新语．杭州：浙江人民出版社，2007：235.

文化自信，进而全面推进依法治国、加快建设法治中国的广阔空间，为反思传统的法治现代化理论、建构新时代中国特色社会主义法学理论奠定重要基石，使之真正成为吸收古今中外法治进步成果、对世界法治文明和人类法治文化具有原创性理论贡献的法治理论体系。第一章阐释中国特色社会主义法治道路，包括这条法治道路的内涵外延与经验特点，明确指出中国特色社会主义法治道路就是在法治轨道上建设中国式现代化的根本道路。第二章讲述中国特色社会主义法治体系和建设格局，法治体系是全面依法治国的总抓手，和法治建设格局一样，都是法治道路的战略面向和具体化。第三至六章分别从科学立法、严格执法、公正司法、全民守法四个方面，以法律制定、法律适用、法治政府建设、法治社会和法律文化为线索，介绍中国法治的各个具体环节的法治建设状况。其间还重点阐述了社会主义核心价值观全面融入法治建设和法治社会与法治文化建设情况。第七章重点介绍我国涉外法治建设的成果与现状。

本书写作以习近平法治思想为指导，目的是讲好中国新时代的法治故事。但在风格上并非依托案例、法例、事例进行具体而微的叙述，而是兼顾理论与实践的宏观性阐释和整体性鸟瞰，以党的十八大以来党和国家关于法治建设的新提法、新主张、新要求为主线，讲述党的十八大以来全面依法治国取得的巨大成就，标明法治轨道上中国式现代化的实践进展，为读者勾勒出当代中国法治的总体面貌和全新风貌。本书定位，是带有学术性的宣传读物，关注中国法治的外国研究者、企业家和普通公民能够通过本书较为全面地了解中国的法治理论、法治战略、法治实践和法治环境，我国法律工作者、企业和公民也可以从中了解新时代中国法治的基本情况和目标愿景。

冯玉军

目　录

导论　在法治轨道上全面建设社会主义现代化国家

一、全面依法治国是国家治理的一场深刻革命　4

二、新时代党对法治的理论认识和实践探索　11

三、准确把握新时代法治建设成就　16

第一章　坚持走中国特色社会主义法治道路

一、中国特色社会主义法治道路的形成和发展　23

二、中国特色社会主义法治道路的经验和特点　32

三、中国特色社会主义法治道路的核心要义　42

四、中国特色社会主义法治道路的本质　55

第二章　中国特色社会主义法治体系与建设格局

一、建设中国特色社会主义法治体系的基本内容　66

二、建设中国特色社会主义法治体系的基本原则　75

三、建设中国特色社会主义法治体系的基本格局　79

第三章　新时代中国立法
一、新时代立法体制与法律体系　88
二、《立法法》修正是新时代立法的一件大事　97
三、推进科学立法、民主立法、依法立法　107

第四章　新时代法治政府建设与依法行政
一、法治政府的建设举措　120
二、法治政府的建设任务　126
三、党的十八大以来法治政府的建设实践　138

第五章　新时代司法与法治监督
一、当代中国司法制度与司法体制改革　149
二、党的十八大以来的司法实践　169
三、监察法治及其实践　175

第六章　新时代法治社会与法治文化建设
一、加快建设法治社会　188
二、坚持依法治国和以德治国相结合　217
三、加强社会主义法治文化建设　223
四、社会主义核心价值观全面融入法治建设　231

第七章　新时代中国的涉外法治
一、为人类政治文明进步贡献中国智慧　238
二、统筹推进国内法治和涉外法治　245

三、构建以人类命运共同体为导向的涉外法治体系　248

参考文献　253
后　记　258

Chinese Modernization and Rule of Law in China

在法治轨道上全面建设社会主义现代化国家

导论

在法治轨道上全面建设社会主义现代化国家

一、全面依法治国是国家治理的 一场深刻革命

"国无常强，无常弱。奉法者强则国强，奉法者弱则国弱。"（《韩非子·有度》）法律是治国理政最大最重要的规矩，一个成熟的社会制度必须依靠法律。法治是国家治理体系和治理能力的重要依托，是社会文明进步的重要标志，是国家长治久安和繁荣发展的重要保障。习近平总书记指出："全面依法治国是国家治理的一场深刻革命，关系党执政兴国，关系人民幸福安康，关系党和国家长治久安。"[①] "必须以科学理论为指导，加强理论思维，不断从理论和实践的结合上取得新成果，总结好、运用好党关于新时代加强法治建设的思想理论成果，更好指导全面依法治国各项工作。"[②]

当今世界正经历百年未有之大变局，我国正处于实现中华民族伟大复兴关键时期，改革发展稳定任务艰巨繁重，全面对外开放深入推进，人民群众在民主、法治、公平、正义、安全、环境等方面的要求日益增长，需要更好发挥法治固根

---

① 习近平 . 高举中国特色社会主义伟大旗帜 为全面建设社会主义现代化国家而团结奋斗：在中国共产党第二十次全国代表大会上的报告 . 北京：人民出版社，2022：40.

② 习近平在中央全面依法治国工作会议上强调 坚定不移走中国特色社会主义法治道路 为全面建设社会主义现代化国家提供有力法治保障 . 人民日报，2020-11-18（1）.

本、稳预期、利长远的保障作用。在统揽伟大斗争、伟大工程、伟大事业、伟大梦想，全面建设社会主义现代化国家新征程上，必须把全面依法治国摆在全局性、战略性、基础性、保障性位置，向着全面建成法治中国不断前进。

（一）法治是社会文明进步的重要标志

法治和人治问题是人类政治文明史上的一个基本问题，也是在推进国家治理体系和治理能力现代化进程中必须面对和解决的一个重大问题。古巴比伦国王汉谟拉比统一全国法令，制定人类历史上第一部成文法《汉谟拉比法典》，推动古巴比伦王国进入上古两河流域的全盛时代。唐太宗以奉法为治国之重，一部《贞观律》成就了"贞观之治"；在《贞观律》基础上修订而成的《唐律疏议》，为大唐盛世奠定了法律基石①，成为中华法系的典范。小智治事，中智治人，大智立法。治理一个国家、一个社会，关键是要立规矩、讲规矩、守规矩。"综观世界近现代史，凡是顺利实现现代化的国家，没有一个不是较好解决了法治和人治问题的。相反，一些国家虽然也一度实现快速发展，但并没有顺利迈进现代化的门槛，而是陷入这样或那样的'陷阱'，出现经济社会发展停滞甚至倒退的局面。后一种情况很大程度上与法治不彰有关。"②人类社会发展的事实证明，依法治理是最可靠、最稳定的治

---

① 习近平. 加强党对全面依法治国的领导. 求是，2019（4）.
② 中共中央文献研究室. 习近平关于全面依法治国论述摘编. 北京：中央文献出版社，2015：12.

理。"什么时候重视法治、法治昌明，什么时候就国泰民安；什么时候忽视法治、法治松弛，什么时候就国乱民怨。"①

我们党对法治的理论认识和实践探索经历了一个不断深化的过程。新中国成立初期，我们党在废除旧法统的同时，积极运用新民主主义革命时期根据地法制建设的成功经验，抓紧建设社会主义法治，初步奠定了社会主义法治的基础。后来，社会主义法治建设走过一段弯路。党的十一届三中全会以来，党深刻总结我国社会主义法治建设的成功经验和深刻教训，提出了发展社会主义民主、健全社会主义法制的重大方针，党的十五大把依法治国确定为党领导人民治理国家的基本方略，九届全国人大二次会议将"中华人民共和国实行依法治国，建设社会主义法治国家"载入宪法，党的十六届四中全会把依法执政确定为党治国理政的基本方式。党的十八大以来，党中央把依法治国提到更加突出的位置，作出关于全面推进依法治国的决定，明确提出全面依法治国，并将其纳入"四个全面"战略布局予以有力推进。在这一过程中，以习近平同志为核心的党中央创造性提出一系列全面依法治国的新理念新思想新战略，形成习近平法治思想，指导推动我国社会主义法治建设发生历史性变革、取得历史性成就。

（二）全面依法治国是国家治理现代化的必然要求

法治是规则之治、制度之治。在现代社会，法治化是衡

---

① 中共中央文献研究室．习近平关于全面依法治国论述摘编．北京：中央文献出版社，2015：8.

量国家治理体系和治理能力现代化水平的主要标准，同时也是实现国家治理体系和治理能力现代化的必然要求。面对现代国家纷繁复杂的治理任务，为保障政治经济社会各方面的有效运行，国家治理必须有章可循、有法可依，必须运用法治思维和法治方式。全面依法治国是坚持和发展中国特色社会主义制度、推进国家治理体系和治理能力现代化的重要方面。改革开放以来，"从'依法治国'到'全面依法治国'，从'社会主义法律体系'到'社会主义法治体系'，从'有法可依、有法必依、执法必严、违法必究'到'科学立法、严格执法、公正司法、全民守法'，法治建设的思路越来越清晰，定位越来越精准，举措越来越到位。可以说，全面依法治国是社会主义法治建设的'全面升级版'，不论在法治理念上还是在战略部署上，是国家治理的一场深刻革命"①。我们党越来越深刻地认识到，治国理政须臾离不开法治。新时代新征程，统筹推进伟大斗争、伟大工程、伟大事业、伟大梦想，实现第二个百年奋斗目标，必须运用制度和法律治理国家，不断提高党科学执政、民主执政、依法执政水平，在法治轨道上推进国家治理体系和治理能力现代化。

"全面推进依法治国，是解决党和国家事业发展面临的一系列重大问题，解放和增强社会活力，促进社会公平正

---

① 中共中央宣传部．习近平新时代中国特色社会主义思想学习问答．北京：学习出版社，2021：169.

义、维护社会和谐稳定、确保党和国家长治久安的根本要求。"① 进入新时代，我国改革发展稳定形势总体是好的，但发展不平衡不充分的一些突出问题尚未解决，人民内部矛盾和其他社会矛盾凸显，党风政风也存在一些不容忽视的问题，其中大量矛盾和问题与有法不依、执法不严、违法不究相关。随着时代和实践的发展，人民群众对法治的要求越来越高，依法治国在党和国家工作全局中的地位更加突出、作用更加重大。全面依法治国，既是立足于解决我国改革发展稳定中的矛盾和问题的现实考量，也是着眼于长远的战略谋划。实现国家长治久安和人民幸福安康，必须依靠法治。我国人口众多、地域辽阔、国情复杂，在这样一个大国执政并非易事。只有把党和国家工作纳入法治化轨道，坚持在法治轨道上统筹社会力量、平衡社会利益、调节社会关系、规范社会行为，才能使我国社会在快速发展和深刻变革中既生机勃勃又井然有序，实现经济发展、政治清明、文化昌盛、社会公正、生态良好，实现建成社会主义现代化强国的战略目标。

坚持全面依法治国，是中国特色社会主义国家制度和国家治理体系的显著优势。中国特色社会主义实践向前推进一步，法治建设就要跟进一步。实践证明，通过宪法法律确认和巩固国家根本制度、基本制度、重要制度，并运用国家强制力保证实施，保障了国家治理体系的系统性、规范性、协

---

① 中共中央文献研究室. 习近平关于全面依法治国论述摘编. 北京：中央文献出版社，2015：6.

调性、稳定性。我国社会主义法治凝聚着我们党治国理政的理论成果和实践经验，是制度之治最基本最稳定最可靠的保障。统筹推进"五位一体"总体布局、协调推进"四个全面"战略布局，要发挥法治的引领、规范、保障作用，以深化依法治国的实践检验法治建设的成效，着力固根基、扬优势、补短板、强弱项，推动各方面制度更加成熟、更加定型，逐步实现国家治理制度化、程序化、规范化、法治化。

（三）全面依法治国是"四个全面"战略布局的基础和保障

中国共产党在地域辽阔、人口众多、国情复杂的大国执政，要保证国家统一、法制统一、政令统一、市场统一，必须始终秉持法律这个准绳、用好法治这个方式①，从坚持和发展中国特色社会主义的全局和战略高度定位法治、布局法治、厉行法治，统筹推进"五位一体"总体布局，协调推进"四个全面"战略布局。

针对"四个全面"战略布局，习近平总书记强调指出，我们提出要协调推进全面建成小康社会/全面建设社会主义现代化国家、全面深化改革、全面依法治国、全面从严治党，这"四个全面"是当前党和国家事业发展中必须解决好的主要矛盾。从这个战略布局看，做好全面依法治国各项工作意义十分重大。没有全面依法治国，我们就治不好国、理不好

---

① 中共中央文献研究室．习近平关于全面依法治国论述摘编．北京：中央文献出版社，2015：9.

政，我们的战略布局就会落空。要把全面依法治国放在"四个全面"的战略布局中来把握，深刻认识全面依法治国同其他三个"全面"的关系，努力做到"四个全面"相辅相成、相互促进、相得益彰①。全面依法治国是其他三个"全面"的重要保障，将法治思维和法治方式贯穿到法治各环节和全过程，在法治轨道上推进社会主义现代化国家建设，是实现国家稳定、平衡、全面发展的基础工程。

比如，在全面深化改革过程中，我们要大胆地探索、借鉴人类经济社会发展的合理因素进行制度创新，把其中行之有效的、人民群众满意的、已经被证明合乎规律且取得成功的体制机制，以法律的形式确定下来。只有立良法、行善治，才能够极大地推进经济社会发展，否则就会陷入混乱和不确定状态。再比如，"东西南北中，党政军民学，党是领导一切的"，我们越是强调党对国家事务的全面领导，就越要全面从严治党，以此永葆党的先进性、纯洁性，跳出治乱兴衰的历史周期率。但是全面从严治党不只是党自身的事，也是整个国家的事。只是就党说党，不能够依规治党、制度管党，效果是要打折扣的。因此，我们还要通过法律把党的领导地位、领导方式固定下来，坚持党规和国法相结合，坚持依规治党与依法治国相结合，强化全面依法治国对全面从严治党的保障地位和重要作用。

---

① 中共中央文献研究室．习近平关于全面依法治国论述摘编．北京：中央文献出版社，2015：15.

二、新时代党对法治的理论认识和实践探索

2012 年，党的十八大报告在之前历次大会上所提出的依法治国方略的基础上，作出"全面推进依法治国""加快建设社会主义法治国家"的战略部署，强调要更加注重发挥法治在国家治理和社会管理中的重要作用；明确提出"科学立法、严格执法、公正司法、全民守法"的法治建设"新十六字方针"；明确提出到 2020 年法治建设五大阶段性目标任务，即依法治国基本方略全面落实，法治政府基本建成，司法公信力不断提高，人权得到切实尊重和保障，国家各项工作法治化；明确提出要"提高领导干部运用法治思维和法治方式深化改革、推动发展、化解矛盾、维护稳定能力"；重申"任何组织或者个人都不得有超越宪法和法律的特权，绝不允许以言代法、以权压法、徇私枉法"。由此拉开了全面推进依法治国的序幕。

2013 年，党的十八届三中全会通过《中共中央关于全面深化改革若干重大问题的决定》，将"完善和发展中国特色社会主义制度，推进国家治理体系和治理能力现代化"作为全面深化改革的总目标，第一次提出"推进法治中国建设"的伟大任务和崭新命题，并将之作为中国法治建设的最高目标；提出"必须坚持依法治国、依法执政、依法行政共同推进，

坚持法治国家、法治政府、法治社会一体建设。深化司法体制改革，加快建设公正高效权威的社会主义司法制度，维护人民权益，让人民群众在每一个司法案件中都感受到公平正义"。这些新理念连同数十项深化法治改革的实际举措，对打造中国法治模式、探明中国法治路径、开创中国法治建设的新局面意义深远。

2014年，党的十八届四中全会通过《中共中央关于全面推进依法治国若干重大问题的决定》，科学系统地提出了全面推进依法治国的指导思想、基本原则、总目标、总抓手和基本任务，以及法治工作的基本格局，阐释了中国特色社会主义法治道路的核心要义，回答了党的领导与依法治国的关系等重大问题，制定了加快法治中国建设的总体方案，按下了全面依法治国的"快进键"。执政的共产党专门作出全面依法治国的政治决定，这在世界共运史上、在中共党史上、在中华人民共和国国史上，都是史无前例、彪炳千秋的，在中国法治史上具有突出的里程碑意义[1]。

2015年，党的十八届五中全会面向全党第一次提出"创新、协调、绿色、开放、共享"的新发展理念，强调法治是发展的可靠保障，必须加快建设法治经济和法治社会，把经济社会发展纳入法治轨道，明确了到2020年全面建成小康社会时的法治中国建设的阶段性目标，为实现全面依法治国的总目标奠定了坚实基础。

---

① 冯玉军. 中国法治的发展阶段和模式特征. 浙江大学学报（人文社会科学版），2016（3）：100-108.

2016 年，党的十八届六中全会专题研究全面从严治党问题，照应全面依法治国基本方略，提出思想建党和制度治党的核心主题，体现了依规治党与依法治国的结合，通过完善"四个全面"战略布局进一步深化了全面依法治国的战略地位和重要作用，进一步强化了全面从严治党对推进全面依法治国、建设法治中国的政治保障作用。

2017 年，党的十九大作出中国特色社会主义进入新时代、中国社会主要矛盾已经转化等重大战略判断，确立了习近平新时代中国特色社会主义思想的历史地位，深刻回答了新时代坚持和发展中国特色社会主义的一系列重大理论和实践问题。在十九大报告第六个大标题"健全人民当家作主制度体系，发展社会主义民主政治"之下，前三个问题"坚持党的领导、人民当家作主、依法治国有机统一""加强人民当家作主制度保障""发挥社会主义协商民主重要作用"是社会主义法治建设的前提和基础，讲社会主义民主政治问题；第四个问题"深化依法治国实践"，讲社会主义法治是民主政治建设的体现和保障，并提出"全面依法治国是国家治理的一场深刻革命"重要论断，要求"成立中央全面依法治国领导小组，加强对法治中国建设的统一领导""加强宪法实施和监督，推进合宪性审查工作，维护宪法权威"。在对立法工作、司法体制改革、法治政府和法治文化建设予以创新论述的基础上，强调"任何组织和个人都不得有超越宪法法律的特权，绝不允许以言代法、以权压法、逐利违法、徇私枉法"，从而指明了全面推进依法治国的战略发展方向。

2018 年 1 月，党的十九届二中全会审议通过了《中共中央关于修改宪法部分内容的建议》。2 月，党的十九届三中全会审议通过《中共中央关于深化党和国家机构改革的决定》，意图构建系统完备、科学规范、运行高效的党和国家机构职能体系，实现国家治理体系和治理能力现代化的要求。3 月，十三届全国人大一次会议高票通过了新时代首次宪法修正案，确立了习近平新时代中国特色社会主义思想在国家政治和社会生活中的指导地位，调整充实了中国特色社会主义事业总体布局和第二个百年奋斗目标的内容，完善了依法治国和宪法实施举措，充实了坚持和加强中国共产党全面领导的内容，调整了国家主席任职方面的规定，增加了有关监察委员会的各项规定，实现了现行宪法的又一次与时俱进和完善发展。

2020 年 11 月召开的中央全面依法治国工作会议，正式确立了内涵丰富、论述深刻、逻辑严密、系统完备的习近平法治思想，用"十一个坚持"系统阐述了新时代推进全面依法治国的重要思想和战略部署，深入回答了我国社会主义法治建设的一系列重大理论和实践问题，明确了习近平法治思想在全面依法治国工作中的指导地位，是全党全国人民为建设社会主义现代化法治强国、实现中华民族伟大复兴而奋斗的指导思想和行动指南。

2021 年 11 月，党的十九届六中全会审议通过了《中共中央关于党的百年奋斗重大成就和历史经验的决议》。决议表明，中国共产党人从建党起就有清醒而明确的历史意识，正是在引领新民主主义和社会主义革命、改革开放和社会主义现代化建设和新时代中国特色社会主义的实践的、进步的历史进程中，中国共产党和中国人民的政治自觉、革命意识、民族精神、国家意志、天下情怀经过百年实践和理论积淀形成了党的历史哲学和历史理论体系。决议总结出的十条宝贵的历史经验，对于把握全面依法治国的伟大实践有极其重要的启示作用，使我们更加深刻地认识到坚持和加强党对全面依法治国的领导、坚持人民至上落实法治为民、坚持中国道路推进全面依法治国、坚持胸怀天下推进涉外法治建设的必然性和重要性。

2022 年 10 月，党的二十大胜利召开。党的二十大报告站位高远、视野宏阔、内容丰富、理论精深，深刻地阐释了新时代坚持和发展中国特色社会主义的一系列重大的理论和实践问题，描绘了全面建设社会主义现代化国家、全面推进中华民族伟大复兴的宏伟蓝图，为新时代新征程党和国家事业的发展、实现第二个百年奋斗目标指明了前进方向、确立了行动指南。党的二十大报告对法治建设进行了专章论述和专门部署，不仅表明法治建设的高度重要性，而且以成熟的习近平法治思想和系统的法治实践创新为标志，全面总结了过去五年法治建设的工作情况和十年变革的法治建设成就，强调在法治轨道上全面建设社会主义现代化国家，明确了法治建设服务保障党和国家工作大局的战略任务。针对新时代立法工作、法治政府建设、公正司法和法治社会建设等提出一系列重大创新的法治论述，对坚持以习近平法治思想为指引建设更高水平的法治中国、以中国式现代化全面推进中华民族伟大复兴意义重大。

三、准确把握新时代法治建设成就

（一）党的十九大以来的五年全面依法治国成就巨大

党的二十大报告强调指出，十九大以来的五年，是极不寻常、极不平凡的五年。这里的"极不寻常"是指客观形势和外部挑战极不寻常，因为我们遭遇了新冠疫情、美国对华的极限施压、全面建成小康社会的艰难困苦；这里的"极不平凡"是指党领导人民稳经济、促发展，战贫困、建小康，控疫情、抗大灾，应变局、化危机，攻克了一个又一个看似不可攻克的难关险阻，创造了一个又一个令人瞩目的人间奇迹。

报告对这五年法治建设的基本评价是：全面推进依法治国成就巨大。在进行总体性评价的同时，还特别点出我们依照宪法和基本法有效实施对特别行政区的全面管治权的典型事例。对此，2020 年 6 月 30 日，十三届全国人大常委会第二十次会议表决通过《中华人民共和国香港特别行政区维护国家安全法》并决定列入香港基本法附件三，明确规定了中央人民政府对有关国家安全事务的根本责任和香港特别行政区维护国家安全的宪制责任等六项内容，香港局势实现由乱到治。目前，香港特别行政区政治稳定、社会持续进步，相关局势平稳向好。这个事例和 2018 年修宪、2020 年颁布民法典等重要立法例一样，都足以说明过去五年法治建设的显著成就。

（二）新时代十年的法治理论与实践成果

党的二十大报告总结了新时代十年取得的十六个标志性成果，其中第八条是"我们坚持走中国特色社会主义政治发展道路，全面发展全过程人民民主，社会主义民主政治制度化、规范化、程序化全面推进，……社会主义法治国家建设深入推进，全面依法治国总体格局基本形成，中国特色社会主义法治体系加快建设，司法体制改革取得重大进展，社会公平正义保障更为坚实，法治中国建设开创新局面"。这个结论是经过了新时代法治实践检验的科学判断，是人民群众有实实在在幸福感获得感安全感的现实成就，可以从理论成果和实践成果两方面予以证成。

在法治理论成果方面，中国特色社会主义法治理论的视野与境界实现历史性跨越，创造性地提出了一系列战略性、实践性、真理性、指导性的新理念新思想新战略，并在坚持党对全面依法治国的领导、以人民为中心和中国特色社会主义法治道路基础上，形成并确立了集大成的新时代中国特色社会主义法治理论体系——习近平法治思想，作为新时代中国发展进步、实现中华民族伟大复兴"法治梦"的核心标识。习近平法治思想是对全面依法治国和中国特色社会主义法治最新实践的科学总结和理论升华，是中华民族对世界法治文明和人类法治文化的原创性理论贡献，也是马克思主义法学中国化的重大理论成果和中国特色社会主义法治理论的最新成果，是全面依法治国、建设法治中国、推进法治强国的理论基础和指导思想①。

在法治实践成果方面：

一是法治建设战略实现历史性转变，法治中国建设开创崭新局面。在法治建设目标上，实现从"形成中国特色社会主义法律体系"到"建设中国特色社会主义法治体系，建设社会主义法治国家"的历史性转变；在法治建设布局上，实现从"依法治国""依法执政""依法行政"到"坚持依法治国、依法执政、依法行政共同推进，坚持法治国家、法治政府、法治社会一体建设"的历史性转变；在法治建设方针上，实现从"有法可依、有法必依、执法必严、违法必究"到"全面推进科学立法、严格执法、公正司法、全民守法"的历史性转变。

二是社会主义法治体系建设加快，各个领域、各个方面均取得历史性进展。法律规范体系更加完备，法治实施体系更加高效，法治监督体系日趋严密，法治保障体系更加有力，党内法规体系日益完善。

三是法治工作质效取得历史性突破，立执司守监各个环节均有重大进展。立法质量和效率显著提高，政府依法行政能力水平大幅提升，司法体制改革取得显著成效，法治社会建设迈出重大步伐，法治工作队伍建设明显加强，涉外法治

---

① 张文显．习近平法治思想研究（上）：习近平法治思想的鲜明特征．法制与社会发展，2016（2）：5-6．

工作显著加强，推动社会主义法治稳步迈向良法善治新境界。

四是法治保障能力实现历史性提升，人权和社会公平正义保障更为坚实。习近平法治思想坚持胸怀天下论法治、立足全局谋法治、着眼整体行法治，把法治贯穿于改革发展稳定、内政外交国防、治党治国治军全过程各方面，最大限度释放法治在国家治理中的强大效能。

五是法治中国建设的战略布局得到切实擘画和落实，全面依法治国总体格局基本形成。党的十九大明确提出，到2035年基本建成法治国家、法治政府、法治社会，对此，党中央先后印发《法治社会建设实施纲要（2020—2025年）》（2020年12月）、《法治中国建设规划（2020—2025年）》（2021年1月）和《法治政府建设实施纲要（2021—2025年）》（2021年8月），确立了新时代法治中国建设的路线图、时间表、任务书。其结果必然是以"在法治轨道上全面建设社会主义现代化国家"作为基本任务和目标愿景。

第一章 ···

坚持走中国特色社会主义法治道路

1

坚持走中国特色社会
主义法治道路

"故圣人之为国也，观俗立法则治，察国事本则宜。"（《商君书·算地第六》）"走什么样的法治道路、建设什么样的法治体系，是由一个国家的基本国情决定的。"[①] 正确的法治道路书上抄不来，别人送不来，只能靠自己走出来。中国特色社会主义法治道路，是中国特色社会主义道路在法治领域的具体体现[②]，是我国社会主义法治建设成就和经验的集中体现，是唯一正确的道路。在坚持和拓展中国特色社会主义法治道路这个根本问题上，我们要树立自信、保持定力。走好这条道路，必须从我国实际出发，同推进国家治理体系和治理能力现代化相适应，突出中国特色、实践特色、时代特色，既不能罔顾国情、超越阶段，也不能因循守旧、墨守成规[③]。要学习借鉴世界上优秀的法治文明成果，但必须坚持以我为主、为我所用，认真鉴别、合理吸收，不能搞"全盘西化"，不能搞"全面移植"，不能照搬照抄。坚定不移走中国特色社会主义法治道路，关键是坚持党的全面领导，坚持中国特色社会主义制度，贯彻中国特色社会主义法治理论。这三个方面实质上是中国特色社会主义法治道路的核心要义，规定和确保了中国特色社会主义法治体系的制度属性和前进方向。

在党的领导下走中国特色社会主义法治道路，是在五千

---

① 习近平. 论坚持全面依法治国. 北京：中央文献出版社，2020：110.

② 领导干部要做尊法学法守法用法的模范 带动全党全国共同全面推进依法治国. 人民日报，2015-02-03（1）.

③ 同①.

多年中华文明深厚基础上开辟和发展中国特色社会主义，把马克思主义法学基本原理同中国具体实际、中华优秀传统法律文化相结合的必由之路，是我国社会主义法治建设不断取得成功的最大法宝。在党的领导下走中国特色社会主义法治道路，既是对过去法治建设经验的深刻总结，又是对未来法治建设目标的科学定位；既尊重法治发展的普遍规律，又联系现实国情民意；是世界法治一般原理与中国法治实践紧密结合后在法治道路、法治理论、法治制度上进行创造性转换的产物。在党的领导下走中国特色社会主义法治道路，特别强调解决中国当下的现实问题，深刻理解中国国情的问题意识与主体意识，坚持依法治国和以德治国相结合，坚持国法和党规相结合，强调法治现代化建设的中国模式和中国经验，对打造中国法治模式、坚持中国法治道路、增强中华民族向心力凝聚力、开创中国法治建设新局面意义深远。

一、中国特色社会主义法治道路的形成和发展

（一）全面推进依法治国必须走对路

　　要深刻领会中国特色社会主义法治道路的深刻内涵，首先必须站在历史的高度全面分析这条道路是如何形成的，它反映和顺应了什么样的历史必然性和客观规律性。谈及指明全面推进依法治国的正确方向，统一全党全国各族人民认识

和行动的意义时，习近平总书记指出："一个政党执政，最怕的是在重大问题上态度不坚定，结果社会上对有关问题沸沸扬扬、莫衷一是，别有用心的人趁机煽风点火、蛊惑搅和，最终没有不出事的！所以，道路问题不能含糊，必须向全社会释放正确而又明确的信号。"① 坚持和拓展中国特色社会主义法治道路是一个深入探索和不断实践的过程，但基本的东西必须长期坚持，不能动摇。动摇了，就会迷失方向、失去特色，路就会走错。

习近平总书记指出："法治当中有政治，没有脱离政治的法治。……每一种法治形态背后都有一套政治理论，每一种法治模式当中都有一种政治逻辑，每一条法治道路底下都有一种政治立场。"② 我们要坚持的中国特色社会主义法治道路，本质上是中国特色社会主义道路在法治领域的具体体现；我们要发展的中国特色社会主义法治理论，本质上是中国特色社会主义理论体系在法治问题上的理论成果；我们要建设的中国特色社会主义法治体系，本质上是中国特色社会主义制度的法律表现形式。

道路问题关系全局、决定成败。习近平总书记指出："全面推进依法治国，必须走对路。如果路走错了，南辕北辙了，那再提什么要求和举措也都没有意义了。全会决定有一条贯穿全篇的红线，这就是坚持和拓展中国特色社会主义法治道

---

① 习近平. 加快建设社会主义法治国家. 求是，2015（1）.
② 中共中央文献研究室. 习近平关于全面依法治国论述摘编. 北京：中央文献出版社，2015：34.

路。中国特色社会主义法治道路是一个管总的东西。具体讲我国法治建设的成就，大大小小可以列举出十几条、几十条，但归结起来就是开辟了中国特色社会主义法治道路这一条。"①

改革开放以来，我们党带领中国人民历经曲折，走出了一条中国特色社会主义法治道路。中国特色社会主义法治道路，是对中国革命、建设、改革和开创新时代实践正反两方面经验教训进行总结而得出的必然结论，是建设社会主义法治国家的唯一正确道路。迈向法治中国，必须坚定不移沿着这条道路走下去，在党的领导下，扎根中国国情，深入推进依法治国实践，更好地维护人民权益、维护社会公平正义、维护国家安全稳定。

世界近现代史大致向人们展示了四种类型的法治道路。从时间顺序上看：第一种是西方国家自发演进式的法治道路，特点是时间漫长、社会成本过高，最终在制度层面上形成了以"宪政"、"三权分立"和"司法独立"为主要内容的西方法治模式，实质是资本的力量主导社会政治法律生活。第二种是一些殖民地国家的法律殖民化道路，这些国家被迫接受殖民地宗主国的法律制度和法律文化，这是国家主权丧失的历史结果。第三种是发展中国家法律移植的道路，特点是照搬模仿西方国家的法律制度，试图在短期内实现包括法治在内的社会现代化，其中多数发展中国家没有处理好现代化进程中的各种关系，包括法治与本国国情的关系、法治与社会

① 习近平. 加快建设社会主义法治国家. 求是，2015 (1).

政治稳定的关系、法治与经济发展的关系，法治发展往往陷于停滞甚至归于失败。第四种是原有社会主义国家受苏联模式影响而形成的法治道路，主要指苏联、东欧社会主义国家在计划经济体制下的社会主义法治道路，以苏联解体、东欧剧变而告终。

国情不同，道路自然不同。我们国家坚持和完善中国共产党领导的多党合作和政治协商制度，我国法治体系要跟这个制度相配套。走适合自己的法治道路，决不能照搬别国模式和做法，决不能走西方"宪政""三权分立""司法独立"的路子。展望未来法治建设，我们既不能走封闭僵化的老路，也不能走改旗易帜的邪路，更不能重蹈有些发展中国家盲从跟风导致法治发展失败的路子。

(二) 党领导法治建设百年历程的简要回顾

中国共产党自成立以来，团结带领人民，始终坚持把马克思主义基本原理同中国具体实际相结合，始终坚持民主建政、依法办事的路线方针政策，经过新民主主义革命时期、新中国民主建政时期、"文化大革命"时期、改革开放时期的探索实践，深刻总结国内外国家和法律制度建设的正反两方面经验，走上中国特色社会主义法治道路，形成中国特色社会主义法律制度和法治理论，加强和完善国家治理，助推中国特色社会主义事业取得历史性成就。

1. 新民主主义法制探索时期（1921—1949 年）

自 1921 年建党起，共产党人的民主法制思想不断得以实施。各个阶段的革命政权颁布了大量有关土地、婚姻、契约、刑法以及司法制度的法律文件。在根本大法方面，1931 年 11 月，《中华苏维埃共和国宪法大纲》在江西瑞金由中华苏维埃第一次全国代表大会通过，这是中国第一部反映劳动人民当家作主、参加国家管理的宪法性文件，为后来建立革命政权和法制建设提供了经验；1941 年 11 月，陕甘宁边区第二届参议会通过决议，宣布《陕甘宁边区施政纲领》为抗日战争时期陕甘宁边区的宪法性文件；1946 年 4 月，《陕甘宁边区宪法原则》由陕甘宁边区第三届参议会通过，成为解放战争时期指导陕甘宁边区政权建设的宪法性文件；1949 年 9 月召开的中国人民政治协商会议通过《中国人民政治协商会议共同纲领》，确立了新的国家政权与人民解放事业的伟大成果。这些法治实践，为建立和巩固新民主主义革命胜利成果奠定了牢固的制度基础。

2. 新中国社会主义法制初创和曲折发展时期（1949—1978 年）

新中国成立后，我们党在废除旧法统的同时，积极运用新民主主义革命时期根据地法治建设的成功经验，先后制定和实施了有关惩治反革命、贪污等的刑事法律法规，有关婚姻家庭、土地改革、公私合营、农业生产合作社等的民事经济法律法规，有关法院、检察院和人民调解委员会的组织条例，有关刑事拘留逮捕与审判程序的法律法规。新设各类法学教育机构，培养了新中国发展所需要的新型法律人才。1954 年 9 月，第一届全国人民代表大会第一次会议制定了

《宪法》，以及《全国人民代表大会组织法》《国务院组织法》《人民法院组织法》《人民检察院组织法》《地方各级人民代表大会和地方各级人民委员会组织法》等，确立了社会主义中国的基本政治制度、经济制度、立法体制、司法制度以及社会主义法制基本原则。1956 年 9 月，党的八大提出要系统制定比较完备的法律，健全国家法制，这是社会主义法治道路探索与实践的重要里程碑。

1957 年后，随着反右斗争扩大化，特别是"文化大革命"十年，党在指导思想上发生"左"的错误，使民主法制遭到严重破坏。对此，我们付出了沉重代价，教训十分惨痛。

3. 改革开放以来民主法制恢复和快速发展时期（1978—2011 年）

党的十一届三中全会在治国理政的指导思想上"拨乱反正"，提出了发展社会主义民主，健全社会主义法制。实现了从"人治"到法制的飞跃。1981 年 6 月召开的党的十一届六中全会通过了《关于建国以来党的若干历史问题的决议》，强调要把逐步建设高度民主的社会主义政治制度作为社会主义革命的根本任务之一，根据民主集中制的原则加强各级国家机关的建设，使各级人民代表大会及其常设机构成为有权威的人民权力机关，在基层政权和基层社会生活中逐步实现人民的直接民主，完善国家的宪法和法律并使之成为任何人都必须严格遵守的不可侵犯的力量，使社会主义法制成为维护人民权利，保障生产秩序、工作秩序、生活秩序，制裁犯罪行为，打击阶级敌人破坏活动的强大武器。"有法可依、有法必依、执法必严、违法必究"成为新时期法制建设的基本方针，实现了向社会主义法制建设的伟大转折。这个时期，以颁布 1982 年宪法和民法通则、刑法等一系列重要法律为标志，推进民主与法制进步，维护社会管理秩序，保障基本人权和民主，确定建立社会主义市场经济法律体系的战略取向，初步实现了社会治理的法律化、制度化。

1997 年召开的党的十五大明确提出"依法治国，建设社会主义法治国家"的治国方略，这个治国方略随即被载入 1999 年九届全国人大二次会议通过的宪法修正案中。2001 年我国加入世界贸易组织，开启了全球化条件下深层次法治改革。法治的地位和作用获得空前重视，法律价值成为国民精神和国家形象的重要元素，法律权威日益受到执政党和国家机关的维护和尊重，法律宣传和普及水平日益提升，法学教育和法律研究日益繁荣，实现了从法制到法治的飞跃。

4. 全面推进依法治国、加快建设法治中国时期（2012 年至今）

党的十八大作出全面推进依法治国，加快建设社会主义法治国家的战略部署。党的十八届三中全会将"完善和发展中国特色社会主义制度，推进国家治理体系和治理能力现代化"作为全面深化改革的总目标，强调"必须坚持依法治国、依法执政、依法行政共同推进，坚持法治国家、法治政府、法治社会一体建设。深化司法体制改革，加快建设公正高效权威的社会主义司法制度，维护人民权益，让人民群众在每一个司法案件中都感受到公平正义"等新理念新举措，对

"推进建设法治中国"新模式新道路意义深远。党的十八届四中全会确立了"建设中国特色社会主义法治体系，建设社会主义法治国家"的总目标，系统提出了全面推进依法治国的原则、工作布局和重大任务，阐述了中国特色社会主义法治道路的核心要义，回答了党的领导与依法治国的关系等重大问题，按下了全面依法治国的"快进键"，实现了中国社会主义法治建设的飞跃。

党的十九大从理论和实践的结合上系统回答了新时代坚持和发展中国特色社会主义的总目标、总任务、总体布局、战略布局、发展方向、发展方式、发展动力、战略步骤、外部条件、政治保证等基本问题，创造性地提出习近平新时代中国特色社会主义思想，作出"全面依法治国是国家治理的一场深刻革命"重要论断，擘画了全面依法治国的时间表和路线图，指明了战略发展方向。党的十九届三中全会审议通过《中共中央关于深化党和国家机构改革的决定》，意图构建系统完备、科学规范、运行高效的党和国家机构职能体系；十三届全国人大一次会议高票通过了新时代首次宪法修正案，与时俱进完善了依法治国和宪法实施举措。党的十九届四中全会通过的《中共中央关于坚持和完善中国特色社会主义制度 推进国家治理体系和治理能力现代化若干重大问题的决定》全面系统深入地阐述了我国国家制度和国家治理体系所具有的显著优势，为最终形成并始终坚持习近平法治思想，坚持全面依法治国，坚定"四个自信"，奋力推进中国特色社会主义伟大事业提供了制度依据和可靠保障。党的十九届六中全会通过的《中共中央关于党的百年奋斗重大成就和历史经验的决议》总结了十条宝贵的历史经验，使我们更加深刻地认识到坚持和加强党对全面依法治国的领导、坚持人民至上并落实法治为民、坚持中国道路并推进全面依法治国、坚持胸怀天下并推进涉外法治建设的必然性和重要性。2020 年举行的中央全面依法治国工作会议确立了内涵丰富、论述深刻、逻辑严密、系统完备的习近平法治思想为全面依法治国的指导思想，全面总结了党领导人民进行法治建设的实践经验，以新的视野、新的思维科学把握了社会主义法治建设规律，深刻揭示了社会主义法治建设在坚持党的领导、保证人民当家作主、维护社会公平正义和推进国家治理现代化等方面的核心优势，展示了社会主义法治的大视野、大格局、大蓝图，使中国特色社会主义法治理论不断纵深化发展、体系化创新，是全面依法治国的根本遵循和行动指南。

党的二十大对"更好发挥法治固根本、稳预期、利长远的保障作用，在法治轨道上全面建设社会主义现代化国家""全面推进国家各方面工作法治化"作了专章论述和重大决策部署，在思想上拓展了在中国特色社会主义法治道路上全面推进依法治国、加快建设法治中国的广阔空间，在理论上廓清了全面依法治国与全面建设社会主义现代化国家之间的关系，对坚持以习近平法治思想为指引，建设更高水平的法治中国具有重大实践引领和理论研究价值。此后还把走中国特色社会主义法治道路写入党章，有利于坚定全党全社会的中国特色社会主义法治道路自信，推动在法治轨道上全面建设社会主义现代化国家。

二、中国特色社会主义法治道路的经验和特点

总结党在各个历史阶段领导法治建设的经验教训，可以发现，探索中国特色社会主义法治道路经历了一个艰难曲折的过程，背负着数千年的"人治"传统和现实困难，要实现人类法治发展的普遍规律和中国国情以及中华民族法律传统相结合，实属不易。习近平总书记指出："中国特色社会主义法治道路，是社会主义法治建设成就和经验的集中体现，是建设社会主义法治国家的唯一正确道路。在走什么样的法治道路问题上，必须向全社会释放正确而明确的信号，指明全面推进依法治国的正确方向，统一全党全国各族人民认识和行动。"[①]

（一）从历史坐标认识中国特色社会主义法治道路

把握事物的历史，才能更好地把握事物的本质。放眼五千多年，中华民族能够在东方这片广袤的土地上生生不息，铸就光辉灿烂的中华文明，并不是历史的偶然。在历史中孕育生长的中华优秀传统文化为中华民族发展壮大提供了丰厚

---

① 习近平. 关于《中共中央关于全面推进依法治国若干重大问题的决定》的说明. 光明日报，2014 - 10 - 29（1）.

滋养，是中国特色社会主义法治道路植根的文化沃土。习近平总书记强调，我们有我们的历史文化，有我们的体制机制，有我们的国情，我们的国家治理有其他国家不可比拟的特殊性和复杂性，也有我们自己长期积累的经验和优势，不能妄自菲薄，也不能数典忘祖①。全面依法治国，吸收人类文明有益成果，不是要抛弃历史传统、割断文化血脉，而是要把握长期形成的历史传承，把握走过的发展道路、积累的政治经验、形成的政治原则，推动中华文明发展到更高水平。从这个意义上说，中国特色社会主义法治道路是五千多年中华文明的制度新篇，是对中华文明治国之道的历史传承和创新发展。

要挖掘和传承中华法律文化精华，汲取营养、择善而用。"自古以来，我国形成了世界法制史上独树一帜的中华法系，积淀了深厚的法律文化。中华法系形成于秦朝，到隋唐时期逐步成熟，《唐律疏议》是代表性的法典，清末以后中华法系影响日渐衰微。与大陆法系、英美法系、伊斯兰法系等不同，中华法系是在我国特定历史条件下形成的，显示了中华民族的伟大创造力和中华法制文明的深厚底蕴。中华法系凝聚了中华民族的精神和智慧，有很多优秀的思想和理念值得我们传承。出礼入刑、隆礼重法的治国策略，民惟邦本、本固邦宁的民本理念，天下无讼、以和为贵的价值追求，德主刑辅、明德慎罚的慎刑思想，援法断罪、罚当其罪的平等观念，保

---

① 习近平在中国政法大学考察 . http：//www. xinhuanet. com/politics/2017-05/03/c＿1120913310. htm.

护鳏寡孤独、老幼妇残的恤刑原则，等等，都彰显了中华优秀传统法律文化的智慧。"①

中国传统法律文化还有以下几个主要特点：一是法律包容性强，体制稳定性高。我国是一个统一的多民族国家，法律文化由 56 个民族共同创造。在发展进程中，各民族既有主动融合，也有相互征服。无论是何种方式，都为法律文化交流提供了条件。我国古代法律制度的发展历程，决定了其法律文化的包容性，也使之具有较强的稳定性。中国古代法律文化广泛吸收不同民族的法律文化，却能保持其基本特质。这种特质产生的凝聚力和"法与时转则治，治与世宜则有功"的历史观，既促进了民族团结和国家稳定，又为法律治理与时偕行提供了思想基础。二是礼刑相辅相成，儒法会通合流。封建社会中，"德礼为政教之本，刑罚为政教之用，犹昏晓阳秋相须而成者也"。礼有治国、理家、律己的功能，礼刑结合、儒法会通，是中国古代社会长治久安之所需。三是强化伦理道德，维护宗法制度。以嫡长子为中心、以血缘关系为纽带形成的宗法制度，同尊尊、亲亲的伦理道德关系以及法律制度结成一体，共同维护既有家庭秩序、社会关系与政权统治。四是皇帝总揽大权，行政干预司法。从秦到清，皇帝作为古代封建统治制度的重要组成部分，其权力之大，延续时间之长，为世界仅见。王朝虽屡经变换，但皇帝集立法、行政、司法大权于一身的状况始终没有变化。五是刑罚手段

---

① 习近平. 坚定不移走中国特色社会主义法治道路 为全面建设社会主义现代化国家提供有力法治保障. 求是，2021（5）.

严酷，定罪讲究规格。刑罚固然残酷，死刑尽管种类繁多，但审理时比较讲究规格，适用还是慎重的。六是纷争调处解决，以求息讼和睦。在官府的大力支持下，普遍盛行宗族调解、相邻亲友调解、基层里保调解和县州府调解。这说明调处解决纷争，既有群众基础，也是官府需要，朝廷圣谕、乡规民约和家族法成为我国古代社会解决大量民事和轻微刑事案件之重要途径。而就占据主流思想地位的儒家传统对法律文化的影响而言，中国传统法律文化大体又表现出以下基本特征：一是"出礼入刑""德主刑辅"的国家治理模式，二是以和为贵、追求和谐的精神价值，三是人为贬抑诉讼、追求无讼的司法原则，四是"天理""国法""人情"相结合、注重调解的纠纷解决模式，五是树立严格执法、道德清廉的清官典型示范，六是体恤民情、谨慎刑罚的人性化法律制度。总之，中国传统社会注重"大一统"的国家治理，要求上下一致、内外和谐、宽严相济，形成了"统而有序"的法律文化体系。

近代以后，不少人试图在中国照搬西方法治模式，但最终都归于失败。从近代以来的革命历史看，实现中华民族伟大复兴是近代以来中华民族最伟大的梦想。我们从贫穷落后、受欺挨打到实现国家富强、民族复兴，其中的一个关键环节就是中国共产党将马克思主义基本原理同中国具体实际相结合，走出中国特色社会主义发展道路。中国特色社会主义法治道路是中国特色社会主义发展道路的重要组成，是伟大社会革命的历史产物和法治表达，也是伟大社会革命的继续展开。

回望 70 多年新中国发展历史，从 1949 年新中国成立，我们就开启了对社会主义法制的探索。我们党带领人民制定了"五四宪法"，把中国人民的革命成果和走社会主义道路的发展方向以宪法的形式确定下来。改革开放是决定当代中国命运的关键一招。在改革开放的历史进程中，社会主义法治建设阔步前进。从党的十一届三中全会到二十大，党领导人民坚定不移地走中国特色社会主义法治道路，坚定不移地在法治轨道上推进经济社会发展，坚持以马克思主义为指导，完善以宪法为核心的中国特色社会主义法律体系，发展中国特色社会主义法治理论，全面依法治国取得重大成就。改革开放 40 多年，就是中国特色社会主义法治道路在实践中不断丰富发展、越走越宽广的 40 多年。

从上述历史坐标观察，作为一个东方文明古国和人民当家作主的社会主义国家，中国只能走共产党自上而下的领导与人民群众自下而上的推动相结合的、自主构建的法治道路。这是一条植根于中国社会土壤，传承于五千多年中华文明，萌芽于革命根据地时期，确立于新中国建设时期，完整展现于改革开放时代，指向全面建成社会主义法治国家目标的法治道路。这是一条以社会公平正义为价值取向、以依法治国和以德治国相结合为特点的法治道路。这是一条法治与经济社会协调发展、承载着全面实现社会主义现代化和中华民族伟大复兴使命的法治道路。

（二）从世界方位把握中国特色社会主义法治道路

从人类法治文明发展的世界图景看，在不同的社会历史条件下，法律制度的生成和运作模式表现出显著区别。世界上没有一种一成不变的法治道路可以引导所有民族实现法治现代化，法治模式也不能而且不会定于一尊，法治形态的多样性是法治理论的一个重要原理，也是当今世界的普遍现实。由于各个国家和地区不同的文化传统、国情特点、制度形式与历史发展道路，究竟通过哪种途径来实现法治、法治的具体制度如何安排等，并没有统一的建构模式、实现机制和评价标准。

18—19 世纪，西方国家在科学技术、组织制度等方面进行大幅度创新，带来财富与信心的巨大增长。西方文明借此竭力证明自身的卓越，而其他文明的价值却被低估或误读。一些西方学者认为，西方法治现代化取得的成功经验，不但体现了西方法律制度天然的原创性、优越性，而且证明了它是一种发达、管用的法律制度，放之四海而皆准。也确实有不少国家，试图复制西方国家的现代化模式，但却并未走上发达道路，反而国家分裂动荡、民生凋敝的不在少数。从如此吊诡复杂的实践中人们才恍然大悟，发展中国家照搬西方制度并不能带来社会繁荣，西方社会实现现代化乃是多种因素综合而成的结果，绝不是单纯依靠其"平等、自由、博爱"的法治模式。这种西方中心主义的法治文明观，是西方在唯我独尊的偏见之下持续编造的"神话"，深刻反映了国际政治经济旧秩序的不平等和对其他国家资源的剥夺、对基本人权的破坏。

根本来看，法治模式与一个国家的国情相适应，是一个国家面对自身社会发展需求而形成的具体制度文明。历史和现实中的文化传统和社会环境等因素共同作用造就了各国不同的法治模式。回顾英国"法律至上"法治模式形成发展的历史进程，其主要理念和特点有：（1）建立议会主权，施行虚位君主制；（2）一切政府权力与普通公民均服从法律，并同样在法院接受裁判；（3）宪法法律并非抽象的宣言，而是在法院里被使用后所产生的结果，且权利均能得到救济。法国"公选公决"法治模式的主要特点有：（1）确立了形式上的法律中心主义；（2）实行司法双轨制，司法机关分为普通法院和行政法院两套系统，行政法院规范行政权力；（3）确立了合宪性审查制度，但宪法委员会和行政法院、最高法院的合宪性审查形式大于内容。近代以来，德国经历了自由法治国、形式法治国和社会法治国的转变过程，其合理要素主要有：借助法治及其技术系统赋予现行统治以合法性，确保统治者自身也在法律约束之中。美国的"宪政分权"法治模式同 20 世纪以来"美国霸权"密不可分，其主要特点有：（1）制宪行宪，确保联邦和各州的法治统一；（2）主权在民，联邦间选、各州直选；（3）权力分立制衡，纵向上，联邦与地方对等分权，横向上，立法、行政和司法三权制衡；（4）违宪审查，普通法院维护公民宪法权利。美国人这套实体与程序兼备的法律制度和实践体系看上去很完美，但其主要问题在于：对内表面民主，对外强权政治；司法中心主义和违宪审查在实践中也有不少缺陷，各类冤假错案的发生率不低；民主自由过于注重形式和程序，容易被垄断资本家与权贵阶层控制和利用。

从近代以来的历史看，即使在西方，不同国家在发展过程中，尽管都是为了实现资本主义经济发展和权力分配运转，也还是产生了各不相同的法治模式，在制度设计、理论支撑、运行机制等方面差别很大，甚至相互批评。比如，英国人曾批评法国在行政系统而不是司法系统内设立行政法院是偏袒行政权，法国人也批评过美国让几名法官推翻议会立法是法律精英的统治而不是民主统治。再从已经实现现代化的国家的发展历程看，像英国、美国、法国等西方国家，呈现出来的主要是自下而上的社会演进模式，即适应市场经济和现代化发展需要，经过一二百年乃至二三百年内生演化，逐步实现法治化，政府对法治的推动作用相对较小；而像新加坡、韩国、日本等国家，呈现出来的主要是政府自上而下在几十年时间内快速推动法治化，政府对法治的推动作用很大。

中国的法治建设旨在解决自身法治实践中的问题，从而展现出中国风格和中国特色。但"坚持从我国实际出发，不等于关起门来搞法治。法治是人类文明的重要成果之一，法治的精髓和要旨对于各国国家治理和社会治理具有普遍意义，我们要学习借鉴世界上优秀的法治文明成果。但是，学习借鉴不等于简单的拿来主义"[1]，基本的东西必须是我们自己的，

---

[1]　习近平. 加快建设社会主义法治国家. 求是，2015（1）.

我们只能走自己的道路。必须坚持以我为主、为我所用，认真鉴别、合理吸收，不能搞"全盘西化"，不能搞"全面移植"，不能囫囵吞枣、照搬照抄，否则必然水土不服①。在这个问题上，我们要有底气、有自信，要努力以中国智慧、中国实践为世界法治文明建设作出贡献。

（三）从时代特征定位中国特色社会主义法治道路

党的二十大从全球大视野和中国大历史出发，透彻分析了当前国际国内形势的深刻变化，作出了"世界之变、时代之变、历史之变正以前所未有的方式展开""我国发展进入战略机遇和风险挑战并存、不确定难预料因素增多的时期"等一系列重要判断，明确了中国特色社会主义法治道路所处的新方位、新阶段。具体可概括为六个"历史性"：一是"两个一百年"奋斗目标的历史交汇期。面对中国现代化建设阶段之变，中国法治应及时回应新时代新征程各种新兴法治问题，深入推进法治理论创新、实践创新、制度创新，为全面建设社会主义现代化国家提供有力法治保障。二是社会主要矛盾的历史性变化期。面对社会主要矛盾之变，中国法治应聚焦于人民群众的美好生活需要，推出更多解民忧、谋民利、护民权、惠民生、保民安的制度举措，以良法善治增强人民群众的获得感、幸福感、安全感。三是中国发展模式的历史性转型期。面对中国发展模式之变，中国法治应加快推动法治

①　习近平. 加快建设社会主义法治国家. 求是，2015（1）.

供给侧结构性改革，全方位提高立法、执法、司法质量，以高质量法治促进高质量发展。四是现代科学技术的历史性重大变化。面对新一轮科技革命和产业变革，中国法治应把握历史性机遇，及时加强法律制度的供给，加快法治领域的科技应用，把科技伟力转化为法治伟力，构建网络化、数字化、智能化的法治文明新形态。五是世界百年未有的历史性大变局。面对世界百年未有之大变局，中国法治应站在世界历史和全球思维的高度，及时回应世界之变带来的全球法治问题，为发展中国家法治现代化提供中国经验，为世界法治文明格局发展提出中国主张，为人类政治文明进步奉献中国智慧，为全球治理体系变革贡献中国力量。六是法治中国建设的历史性跨越。在新时代新征程上，法治固根本、稳预期、利长远的保障作用进一步发挥。立法上的要求，已不只是有没有、多不多的问题，而是好不好、管不管用、有不有效的问题，提高立法质量和效率成为当务之急；执法上的要求，已不只是严格执法、公正执法，还要追求执法文明化、柔性化、人性化；司法上的要求，已不只是程序公正、实体公正，还要追求更可接近、更能感知、更加透明、更有温度的司法公正；守法上的要求，已不只是行为合乎法律规定，而是要做到尊法、信法、守法、用法、护法；对公共法律服务的要求，已不只是有人提供法律服务，而是要提供更高质量、更加便捷、更为精准的法律服务。

三、中国特色社会主义法治道路的核心要义

习近平总书记指出："全面推进依法治国这件大事能不能办好，最关键的是方向是不是正确、政治保证是不是坚强有力，具体讲就是要坚持党的领导，坚持中国特色社会主义制度，贯彻中国特色社会主义法治理论。"① 这三个方面是中国特色社会主义法治道路的核心要义，规定和确保了中国特色社会主义法治体系的本质属性和前进方向。

（一）坚持党的领导

党政军民学、东西南北中，党是领导一切的。中国特色社会主义政治发展道路是近代以来中国人民长期奋斗的历史逻辑、理论逻辑、实践逻辑的必然结果和基本经验。中国共产党的领导是中国特色社会主义最本质的特征，是社会主义法治最根本的保证，是社会主义法治之魂。坚持中国特色社会主义法治道路，最根本的是坚持党的领导。全面依法治国要加强和改善党的领导，健全党领导全面依法治国的制度和工作机制，推进党的领导制度化、法治化，通过法治保障党的路线方针政策有效实施。把党的领导贯彻到依法治国全过

---

① 习近平．关于《中共中央关于全面推进依法治国若干重大问题的决定》的说明．光明日报，2014－10－29（1）．

程和各方面，是我国社会主义法治建设的一条基本经验。

党对全面依法治国的领导，"不是历史的偶遇，而是实践必然性、时代现实性和法理正当性的逻辑连接，我们在任何时候都不能否认、不能放弃、不能置疑"①。习近平总书记强调，"全面推进依法治国这件大事能不能办好，最关键的是方向是不是正确、政治保证是不是坚强有力，具体讲就是要坚持党的领导"②。习近平总书记指出："党和法的关系是一个根本问题，处理得好，则法治兴、党兴、国家兴；处理得不好，则法治衰、党衰、国家衰。"③ 全面依法治国绝不是要削弱党的领导，而是要加强和改善党的领导，不断提高党领导依法治国的能力和水平，巩固党的执政地位。"我们必须牢记，党的领导是中国特色社会主义法治之魂，是我们的法治同西方资本主义国家的法治最大的区别。离开了中国共产党的领导，中国特色社会主义法治体系、社会主义法治国家就建不起来。"④ 必须推进党的领导制度化、法治化，不断完善党的领导体制和工作机制，坚持以法治的理念、法治的体制、法治的程序促进思想建党和制度治党的紧密结合，推进各方面工作。

坚持党对全面依法治国的领导的理论要旨在于：

第一，中国共产党作为中国工人阶级的先锋队、中国人

---

① 张文显. 习近平法治思想的基本精神和核心要义. 东方法学，2021（1）：8.

② 中共中央文献研究室. 十八大以来重要文献选编：中. 北京：中央文献出版社，2016：146.

③ 中共中央文献研究室. 习近平关于全面依法治国论述摘编. 北京：中央文献出版社，2015：33.

④ 同③35.

民和中华民族的先锋队为党领导"中国之治"奠定了政治基础和法理基础。从1921年到2021年，中国共产党走过了整整一百年的历程。争取民族独立、人民解放和实现国家富强、人民幸福，是中国共产党百年历史的主题和主线；"不懈奋斗史""理论探索史""自身建设史"，是中国共产党百年历史的主流和本质；把革命、建设、改革、复兴事业不断推向前进，是中国共产党百年历史的鲜明特征；逐步实现救国、兴国、富国、强国的奋斗目标，是中国共产党百年历史的庄严使命。在这一历史进程中形成的中国共产党，始终代表中国先进生产力的发展方向、代表中国先进文化的前进方向、代表中国最广大人民的根本利益，是具有崇高理想和精神道德的使命型政党。中国法治事业极其复杂、非常艰巨，要建设法治中国，并使之在世界法治图景中占据先进地位，必须始终坚持党对法治的领导。

第二，中国共产党对法治的领导，具体体现为党中央集中统一领导的法治领导体制。早在1988年，邓小平就对此作了原则性论述："我的中心意思是，中央要有权威。改革要成功，就必须有领导有秩序地进行。没有这一条，就是乱哄哄，各行其是，怎么行呢？"为了防止各行其是，"我们要定一个方针，就是要在中央统一领导下深化改革"[①]。党领导法治的体制，镶嵌在党的组织制度与领导制度之中。《中国共产党章程》第十条规定了民主集中制的基本原则："党员个人服从党

---

① 邓小平. 邓小平文选：第3卷. 北京：人民出版社，1993：278.

的组织，少数服从多数，下级组织服从上级组织，全党各个组织和全体党员服从党的全国代表大会和中央委员会。"这项规定，为党中央集中统一领导的法治领导体制提供了正式的制度依据。2021 年 11 月 11 日通过的《中共中央关于党的百年奋斗重大成就和历史经验的决议》提出："党中央集中统一领导是党的领导的最高原则，加强和维护党中央集中统一领导是全党共同的政治责任，坚持党的领导首先要旗帜鲜明讲政治，保证全党服从中央。""党的十八大以来，党中央权威和集中统一领导得到有力保证，党的领导制度体系不断完善，党的领导方式更加科学，全党思想上更加统一、政治上更加团结、行动上更加一致，党的政治领导力、思想引领力、群众组织力、社会号召力显著增强。"在此基础上，党的二十大报告进一步提出要坚持和加强党中央集中统一领导，"健全总揽全局、协调各方的党的领导制度体系，完善党中央重大决策部署落实机制，确保全党在政治立场、政治方向、政治原则、政治道路上同党中央保持高度一致，确保党的团结统一"。党的重要方针政策、历史经验总结和二十大报告的重要论述，为党中央集中统一领导法治中国建设提供了依据。

第三，组建中央全面依法治国委员会，发展创新党的依法执政方式和法治领导体制。中华人民共和国成立以来，党中央集中统一领导法治的领导体制在探索中不断发展。1956 年，成立中共中央法律委员会。1958 年，以中央政法小组取代中共中央法律委员会。1980 年，成立中央政法委员会。

1988 年，撤销中央政法委员会，成立中央政法领导小组。1990 年，恢复中央政法委员会。2018 年，正式组建中央全面依法治国委员会。习近平总书记指出，党中央组建中央全面依法治国委员会，主要有三个方面的考虑，"这是贯彻落实党的十九大精神，加强党对全面依法治国集中统一领导的需要"，"这是研究解决依法治国重大事项、重大问题，协调推进中国特色社会主义法治体系和社会主义法治国家建设的需要"，"这是推动实现'两个一百年'奋斗目标，为实现中华民族伟大复兴中国梦提供法治保障的需要"①。习近平总书记还悉心擘画了中央全面依法治国委员会的职责，他指出："委员会是管宏观、谋全局、抓大事的，要站得高一些、看得远一些、想得深一些，既要破解当下突出问题，又要谋划长远工作，把主要精力放在顶层设计上。委员会在全面依法治国重大决策、重大问题上居于牵头抓总的位置，要增强'四个意识'，坚定'四个自信'，站好位、履好职、尽好责，主动谋划和确定中国特色社会主义法治体系建设的总体思路、重点任务。要把全面依法治国放到党和国家工作大局中去思考，研究提出战略性、前瞻性的方案。要做好全面依法治国重大问题的运筹谋划、科学决策，实现集中领导、高效决策、统一部署。委员会要统筹整合各方面资源和力量推进全面依法治国，重点推动解决部门、地方解决不了的重大事项，协调解决部门、地方之间存在分歧的重大问题。要推动把社会主义核心价值观贯

---

① 习近平. 加强党对全面依法治国的领导. 求是，2019（4）.

穿立法、执法、司法、守法各环节，使社会主义法治成为良法善治。"① 从实践效果来看，中央全面依法治国委员会自组建以来，从全局和战略高度对全面依法治国作出了一系列重大决策部署，推动我国社会主义法治建设发生历史性变革、取得历史性成就，全面依法治国实践取得重大进展。

第四，把党的领导贯彻到依法治国的全过程和各方面，是我国社会主义法治建设的基本经验，也是全党全国各族人民的广泛共识，更是中国共产党行使领导权和执政权的必然要求。具体而言：一是要健全党领导依法治国的制度和工作机制，完善保证党确定依法治国方针政策和决策部署的工作机制和程序；二是要充分发挥各级党委的领导核心作用，与经济社会发展同部署、同推进、同督促、同考核、同奖惩；三是要进一步完善责任落实机制，即党委统一领导和各方分工负责、齐抓共管，强化全面依法治国方针政策和决策部署的有效贯彻执行；四是要把党的领导具体落实到党领导立法、保证执法、支持司法、带头守法的各环节。党的二十大修改《中国共产党章程》，专门增加了走中国特色社会主义法治道路的内容，有利于坚定全党全社会的中国特色社会主义法治道路自信，推动在法治轨道上全面建设社会主义现代化国家。

（二）坚持中国特色社会主义制度

中国特色社会主义制度充分保障党的主张和人民意志的

---

① 习近平.论坚持全面依法治国.北京：中央文献出版社，2020：235-236.

统一，充分保证法律制度的科学性和先进性，是中国特色社会主义法治体系的根本制度基础。中国特色社会主义法律体系正是在这一根本制度基础之上形成的，也是为适应巩固和发展中国特色社会主义制度的需要而发展的。建设中国特色社会主义法治体系、建设社会主义法治国家是坚持和发展中国特色社会主义制度的内在要求。中国特色社会主义制度包括人民代表大会制度的根本政治制度；中国共产党领导的多党合作和政治协商制度、民族区域自治制度以及基层群众自治制度等基本政治制度；公有制为主体、多种所有制经济共同发展，按劳分配为主体、多种分配方式并存，社会主义市场经济体制等基本经济制度；建立在这些制度基础上的经济体制、政治体制、文化体制、社会体制等各项具体制度。

习近平总书记指出："衡量一个社会制度是否科学、是否先进，主要看是否符合国情、是否有效管用、是否得到人民拥护。"① 实践证明，我们党把马克思主义基本原理同中国具体实际、同中华优秀传统文化结合起来，在古老的东方大国建立起保证亿万人民当家作主的新型国家制度，创造出经济快速发展、社会长期稳定的奇迹，为发展中国家走向现代化提供了全新选择，也为人类探索建设更好的社会制度贡献了中国智慧和中国方案。

中国特色社会主义制度的内在本质，决定了中国特色社会主义法治道路只能姓"社"，而不能姓"资"，即相对于英

---

① 习近平. 坚持、完善和发展中国特色社会主义国家制度与法律制度. 求是，2019（23）.

国、美国等资本主义国家的法治模式和法治道路而言，当代中国的法治姓"社"，西方国家的法治姓"资"。所谓法治姓"资"，是指法治是建立在生产资料私有制基础之上的社会上层建筑，法治归根结底被资本的力量所主宰。所谓法治姓"社"，是指法治是建立在生产资料公有制基础之上的社会上层建筑，法治归根结底为党领导下的人民群众所掌握。这是两种性质根本不同的法治模式和法治道路，决不能混为一谈。

坚持走中国特色社会主义法治道路，是我国社会主义制度所决定的。习近平总书记指出："一个国家选择什么样的治理体系，是由这个国家的历史传承、文化传统、经济社会发展水平决定的，是由这个国家的人民决定的。我国今天的国家治理体系，是在我国历史传承、文化传统、经济社会发展的基础上长期发展、渐进改进、内生性演化的结果。"① 法律制度与政治制度紧密相连，有什么样的政治制度，就必须实行与之相适应的法律制度。坚定不移走中国特色社会主义法治道路，是中国特色社会主义道路在法治建设领域的具体体现。中国特色社会主义法治道路，不是照搬和模仿西方的模式，而是吸收了中国传统文化的有益成分，借鉴了人类文明的优秀成果，在中国共产党人自我探索、自我创造的基础上，形成的一条内生式的演进发展道路。这条道路体现了社会主义法治的"三个有机统一"，即党的领导、人民当家作主与依法治国有机统一；法治国家、法治政府和法治社会有机统一；植根于中国

---

① 习近平. 习近平谈治国理政：第 1 卷 . 2 版 . 北京：外文出版社，2018：105.

社会实际，自我发展、自我创新、自我完善有机统一。

世界上不同国家的代议民主的内容和形式不同。从实质上讲，西方的代议民主反映了资产阶级的利益，是随着工业革命的推进，新兴资产阶级在同封建王权争夺政治权力的过程中产生的。当他们夺得了国家政权后，立即通过以宪法为核心的法律体系来确立和保障所获得的政治经济利益，通过形式平等、公共参与、吸纳民意的表面形式来强调其统治的合法性和正当性。但这些做法无论如何都改变不了维护资产阶级核心利益这一根本属性。社会主义代议民主制度在源头上就与资产阶级不同，它是由人民大众在共产党领导下建立的。人民当家作主是中国特色社会主义制度的本质属性，其制度支柱和政治表现就是人民代表大会制度。人民代表大会制度作为中国共产党和中国人民的伟大创造，在当今世界政治体系中具有保证人民当家作主、协调国家机关高效运转、凝聚各族人民力量的政治优势。习近平总书记强调，坚持走中国特色社会主义政治发展道路，紧紧抓住人民代表大会这一主要民主渠道，充分发挥根本政治制度作用[①]。我国的人民代表大会制度特色鲜明、富有效率，不断发展完善。改革开放以来，我们改革和完善选举制度，把直接选举人大代表的范围扩大到县级，实行普遍的差额选举制度，逐步实现城乡按相同人口比例选举人大代表；完善全国人民代表大会及其

---

① 中共全国人大常委会机关党组．在新的历史起点上坚持和完善人民代表大会制度：党的十八大以来人民代表大会制度建设的新理念新实践．求是，2017 (17).

常务委员会的职权，规定全国人民代表大会和全国人民代表大会常务委员会共同行使国家立法权，共同监督宪法实施；在县级以上地方各级人民代表大会设立常务委员会，赋予省级人民代表大会及其常务委员会、较大的市的人民代表大会及其常务委员会制定地方性法规的职权；加强各级人民代表大会及其常务委员会的组织建设，健全专门委员会和工作机构，优化组成人员结构；完善保证国家权力机关依法行使职权的制度和工作机制，制定全国人大组织法、地方组织法、立法法、监督法、议事规则等一系列规范人大组织和职权的重要法律。这一系列重大成就，就是中国特色社会主义制度不断深化认识、不断发展完善的重要体现。

（三）贯彻中国特色社会主义法治理论

中国特色社会主义法治理论，是社会主义法治精神、法治文化、法治意识和法学理论体系的总和，是中国特色社会主义法治体系的行动指南。中国特色社会主义法治理论，是马克思主义基本原理同当代中国法治实践相结合的产物，反映了人类法治发展基本规律，凝结着党领导社会主义法治建设的宝贵经验。

中国共产党是一个高度重视理论建设的党，重视中国特色社会主义法治理论建设和理论指导，推进实践基础上的法治理论创新，深化对社会主义法治建设和法治发展的规律性认识，是马克思主义政党先进性的基本要求，也是中国特色社会主义法治国家建设走向全面胜利的思想保证。为此我们

"要总结和运用党领导人民实行法治的成功经验，围绕社会主义法治建设重大理论和实践问题，不断丰富和发展符合中国实际、具有中国特色、体现社会发展规律的社会主义法治理论，为依法治国提供理论指导和学理支撑"①。

从历史角度看，建构中国特色社会主义法治理论体系，要从现实国情出发，坚持自主创新，注意寻求古与今、中与外的先进法律文化契合点，建设社会主义法治国家。中国有不同于别国的历史文化传统、地理资源禀赋，有独特的发展阶段、自成一体的文明习惯和思维方式，法制文明极为发达，形成了独特的东方法律文化。春秋战国时期我国就有了自成体系的成文法典，秦汉时期形成了全国统一的法律，汉律开始礼法结合，唐律成为世界上封建时期法典的最高代表，以其为基础形成了在世界几大法系中独树一帜的中华法系。而由于汉唐以来中国立法、司法的先进性与法律文化的繁荣，周边国家，如高丽、安南、日本等，都学习借鉴中国法律，以唐律、大明律为范本，因而成为中华法系文化圈内的成员。这些国家的法律制度、社会风气乃至生活习惯在一定时期内都带有中华法系的烙印。近代以来我国法律的发展，基本上是与传统中华法系渐行渐远的过程。但是，晚清法制改革取法西方的结果并不完全符合中国的国情。历史经验证明，我们睁眼看世界、借鉴吸收外来法律文化的同时，也要继承中华法律文明中具有超越时空属性、体现中华民族伟大创造力

---

① 习近平. 习近平谈治国理政：第 2 卷. 北京：外文出版社，2017：117 - 118.

的法律文明要素——如以民为本、诚实信用、求真务实、调解息讼、人与自然和谐相处、惩贪奖廉等。

从现实角度看，必须从我国基本国情出发，同改革开放不断深化的过程相适应，总结和运用党领导人民实行法治的成功经验，对复杂的法治实践进行深入分析、作出科学总结，提炼规律性认识，发展符合中国实际、具有中国特色、体现社会发展规律的社会主义法治理论，为完善中国特色社会主义法治体系、建设社会主义法治国家提供理论支撑。中国特色社会主义法治理论是伴随着中国特色社会主义法治实践而逐步形成和发展的，既源于法治实践又指导法治实践，在中国特色社会主义法治实践中得到检验、与时俱进、丰富完善。伴随着中国特色社会主义法律体系的形成，依法执政、依法行政、公正司法、全民守法稳步推进，法治基础更加坚实，法治经验更加丰富。在积极开展法治实践探索的同时，我们党不断总结中华人民共和国成立以来法治建设的成功经验，深刻反思偏离法治轨道的惨痛教训，并将这些经验和反思上升为理论，以毛泽东、邓小平、江泽民、胡锦涛、习近平等为主要代表的中国共产党人，在法治建设的不同时期和不同阶段，在继承和发展马克思主义法律和法学思想理论的基础上，结合中国国情，对中国特色社会主义法治理论作出了巨大贡献。

从思想角度看，中国特色社会主义法治理论是对马克思主义法学基本原理进行创造性转换的科学理论，是马克思主义法学时代化、中国化的产物，是将普遍性的法治理论同中国具体的法治实践紧密结合的结果，深刻地揭示了法治中国建设的理论基础、科学内涵和实践规律。党的十八大以来，习近平总书记在厉行法治、依法执政、依法治国、推进法治改革、创新国家治理体系的新的伟大实践中，围绕全面依法治国提出了一系列新概念、新范畴、新命题、新论断、新观点、新理念、新思想，内容涵盖了法治和依法治国的全部理论要素和法治建设的各个方面。这些法治理论坚持以我为主、兼收并蓄、突出特色，努力以中国智慧、中国实践为世界法治文明建设作出贡献；积极吸收借鉴世界上的优秀法治文明成果，有选择地吸收和转化，而不是囫囵吞枣、照搬照抄。是马克思主义法学思想中国化的最新成果，也是系统总结改革开放以来我国社会主义法治建设实践的经验结晶。中国特色社会主义法治理论体系和话语体系的形成，有利于打破西方法治话语体系的支配地位，消解西方法治中心主义的影响，增强我们在法学研究上的理论创新能力，确立法学学科体系与法治人才培养的自主性，提升中国在国际社会的法治话语权和影响力。

纵观中国特色社会主义法治道路的三大核心要义，其表现出如下综合优势：一是政治属性的先进性，即坚持党的领导、社会主义和法治理论的完美融合。先进的无产阶级政党、先进的社会制度和在实践中不断发展、与时俱进的马克思主义法治理论，决定了中国特色社会主义法治道路的政治先进性。二是目标指向的联动性。中国特色社会主义法治是党的领导、人民当家作主和依法治国三者的有机统一，并以此为基础实现自上而下与自下而上相结合的联动式法治现代化路径。三是调整规范的多元性，即在法治轨道上实现国家治理体系和治理能力现代化，宪法法律调整、党规党纪调整和社会规范调整相结合，法治、德治、自治相结合的路径。四是运行体制的整合性，即党委领导、政府负责、社会协同、公众参与，发挥多部门、多方面作用和整体性、协同性功能的综合治理路径。五是实现机理的融贯性。从鼓励和增强全社会厉行法治的积极性和主动性，到形成守法光荣、违法可耻的社会氛围，培育办事依法、遇事找法、解决问题用法、化解矛盾靠法的法治环境；从发掘和传承中华法律文化精华，推动中华法系的优秀思想和理念实现创造性转化、创新性发展，到建设社会主义法治文化，加强以社会主义核心价值观为基础的公民道德建设，做到法治和德治相辅相成、相互促进，体现了良法善治实现理念和实现过程的融贯性。

四、中国特色社会主义法治道路的本质

在中国共产党的领导下走中国特色社会主义法治道路，在法治轨道上全面建设社会主义现代化国家，既要遵循世界法治现代化的普遍规律、共同特征，更要基于自己国情和文明传统的中国特色、中国气派，必须认真省察。党的二十大报告明确指出：第一，中国式现代化是人口规模巨大的现代化。我国14亿多人口整体迈进现代化社会，规模超过现有发

达国家人口的总和，艰巨性和复杂性前所未有，发展途径和推进方式也必然具有自己的特点。我们的法治建设要始终从国情出发想问题、作决策、办事情，既不好高骛远，也不因循守旧，保持历史耐心，坚持稳中求进、循序渐进、持续推进。第二，中国式现代化是全体人民共同富裕的现代化。共同富裕是中国特色社会主义的本质要求，也是一个长期的历史过程。我们要建设促进实现共同富裕的法治体系，维护和促进社会公平正义，促进全体人民共同富裕，坚决防止两极分化。第三，中国式现代化是物质文明和精神文明相协调的现代化。物质富足、精神富有是社会主义现代化的根本要求。物质贫困不是社会主义，精神贫乏也不是社会主义。我们在不断厚植现代化的物质基础，不断夯实人民幸福生活的物质条件的同时，还要依法保障和发展社会主义先进文化，加强理想信念教育，传承中华文明，促进物的全面丰富和人的全面发展。第四，中国式现代化是人与自然和谐共生的现代化。人与自然是生命共同体，无止境地向自然索取甚至破坏自然必然会遭到大自然的报复。我们要坚持可持续发展，依法保护自然和生态环境，坚定不移走生产发展、生活富裕、生态良好的文明发展道路，实现中华民族永续发展。第五，中国式现代化是走和平发展道路的现代化。我国不走一些国家通过战争、殖民、掠夺等方式实现现代化的老路，那种损人利己、充满血腥罪恶的老路给广大发展中国家人民带来深重苦难。我们坚持统筹推进国内法治和涉外法治，协调推进国内治理和国际治理，更好维护国家安全、发展利益，坚决维护国家主权、尊严和核心利益，推动全球治理变革，推动构建人类命运共同体。

应该说，中国特色社会主义法治道路本质上就是在法治轨道上建设中国式现代化的根本道路，是我们党带领中国人民在改革开放、建设社会主义法治国家的实践中走出来的，符合中国国情和中国人民意愿，能够更好推动人的全面发展、社会全面进步的法治发展新路。其一般特征和显著制度优势表现在以下八个方面：

第一，强调发挥党在法治建设中的领导作用，是中国共产党领导的法治现代化。对于发展中国家的现代化来说，强大的政党领导是现代化取得最终成功的关键。党在改革开放和社会主义现代化建设中发挥着统揽全局、协调各方的领导核心作用，实现了自上而下推动全面依法治国与自下而上的基层法治创新相结合。这既使得各种法治改革措施容易推行，加快实现法治建设目标，及时取得法治改革成果，又使得基层的实践创新与顶层设计相互促进，共同推动全面依法治国向纵深发展。从发挥作用看，党要发挥定向领航作用，即带领人民坚定不移走中国特色社会主义法治道路，确保法治现代化不犯方向性、颠覆性错误；党要发挥顶层规划作用，即研究制定法治现代化的大政方针、政策举措，确立法治现代化的总蓝图、路线图、施工图；党要发挥统筹协调作用，即统筹各种法治力量资源，破解法治现代化难点、堵点、痛点问题，推动法治现代化在爬坡过坎中胜利前进；党要发挥检视整改作用，即加强对法治建设的督导督察，及时发现短板、查找弱项，进行补偏救弊、追责问责。

　　第二，强调以人民为中心，是坚持人民主体地位与实现全过程人民民主的法治现代化。党的二十大报告指出："维护人民根本利益，增进民生福祉，不断实现发展为了人民、发展依靠人民、发展成果由人民共享，让现代化建设成果更多更公平惠及全体人民。"习近平总书记强调："要始终坚持以人民为中心，坚持法治为了人民、依靠人民、造福人民、保护人民，把体现人民利益、反映人民愿望、维护人民权益、增进人民福祉落实到法治体系建设全过程。"① 在中国共产党的领导下，人民成为国家治理的主人，通过法治方式实现当家作主，以法治方式治理国家，人民也在法治中实现自我管理。在制度层面，必须健全人民当家作主制度体系，扩大人民有序政治参与，坚持和完善我国根本政治制度、基本政治制度、重要政治制度，拓展民主渠道，丰富民主形式，保证人民依法实行民主选举、民主协商、民主决策、民主管理、民主监督，发挥人民群众的积极性、主动性、创造性，巩固和发展生动活泼、安定团结的政治局面。在实践层面，在保障人民当家作主的主题之下，要有效发挥群团组织的桥梁纽带作用，坚持走中国人权发展道路，推动人权事业全面发展。全面发展协商民主，推进协商民主广泛多层制度化发展，坚持和完善中国共产党领导的多党合作和政治协商制度，完善人民政协民主监督和委员联系界别群众制度机制。积极发展

---

① 习近平. 习近平谈治国理政：第 4 卷. 北京：外文出版社，2022：301.

基层民主，健全基层党组织领导的基层群众自治机制，完善基层直接民主制度体系和工作体系。全心全意依靠工人阶级，维护职工合法权益。充分发挥基层立法联系点制度作用，倾听民意、了解民情、汇聚民智、发扬民主，发展全过程人民民主，提升国家治理效能。

第三，强调对法治建设进行顶层设计和科学规划，是有组织有规划的法治现代化。由于有具备强大政治号召力、社会动员力、决策执行力的政党的正确领导，有中国化时代化的马克思主义思想的科学指引，中国式现代化不是自发演进型现代化，而是规划引领型现代化。从制度形成过程来看，中国特色社会主义法治是强调科学合理规划的建构型法治。西方国家的法治发展往往经历了几十甚至几百年的漫长历史过程，常常是社会内部矛盾发展激化而被动调整的结果。而改革开放 40 多年我国社会主义法治建设的实践表明，我国的法治进程不是断裂的、自发的或者漫无目的的，而是连续地、有领导地、有计划地进行顶层设计和科学规划，保证了法治建设在党和国家工作大局中积极稳妥地推进，更好地统筹兼顾了法治国家、法治政府、法治社会建设的各项工作。习近平总书记指出："全面依法治国是一个系统工程，必须统筹兼顾、把握重点、整体谋划，更加注重系统性、整体性、协同性。"① 党的二十大明确指出，到 2035 年基本建成法治国家、法治政府、法治社会。近年来，中央先后印发了《法治社会

---

① 习近平. 加强党对全面依法治国的领导. 求是，2019（4）.

建设实施纲要（2020—2025年）》《法治中国建设规划（2020—2025年）》《法治政府建设实施纲要（2021—2025年)》等一系列规划，明确了时间表、路线图、施工图。

第四，强调从实践中试错学习，是渐进发展的法治现代化。从制度运行看，中国特色社会主义法治道路体现了实践理性，是强调试验学习、先易后难的渐进型法治现代化。建设中国特色社会主义法治体系、建设社会主义法治国家，是一项复杂的系统工程，必然是一个历史的过程，不可能一蹴而就。将法治建设的目标落到实处，需要加强对具体实施方案的系统研究和设计，通过试验总结经验、完善制度，然后再行推广。过去40多年法治的发展过程实际上也是一个通过法律的试行、暂行、区域试点等办法抓住机遇、反复试验、不断学习、持续创新，进而不断完善社会主义法治体系的过程。这个过程保证了我们法治发展的稳定性和可预期性，提升了法治建设的实际质量。

第五，强调贯彻实现社会主义核心价值观和人类发展与解放目标，是价值目标高远的法治现代化。中国共产党是有着崇高目标的使命型政党，致力于为人民谋幸福、为民族谋复兴，为人类谋进步、为世界谋大同。党的二十大报告又为新时代中国式现代化提出了实现高质量发展、发展全过程人民民主、丰富人民精神世界、实现全体人民共同富裕、促进人与自然和谐共生、构建人类命运共同体等更广范围、更高层次的价值目标。这是对治国理政规律的深刻把握，也是对历史经验和人类社会发展趋势的深刻总结。从价值内涵上看，法治中国建设不仅把社会主义核心价值观要求融入法律规范、贯穿法治实践，使法律契合全体人民道德意愿、符合社会公序良俗，真正为人们所信仰、所遵守，实现良法善治；而且推动了法律价值标准不断由低阶向高阶跃升，包括从保护私有财产权到促进全体人民共同富裕，从保障选举民主到保障全过程人民民主，从保障人的物质性权益到保障人的精神性权益，从维护民族独立和国家主权到构建人类命运共同体，等等。

第六，强调从古今中外制度文化中吸收有益法治资源，是博采众长的开放型法治现代化。习近平总书记指出，法治是人类文明的重要成果之一，法治的精髓和要旨对于各国国家治理和社会治理具有普遍意义。面对现代化、经济全球化、新技术革命的时代潮流，我们将在"一国两制三法系四法域"的既有法治格局之下，既传承中华优秀传统法律文化，又学习借鉴世界优秀法治文明成果。在此基础上形成的中国特色社会主义法治道路，以马克思主义为指导，既面向世界又立足中国，充分体现时代精神，适应社会主义现代化需要而不断发展出新成果，为丰富人类法治文明贡献了中国智慧。

第七，强调创新发展、协调发展、绿色发展、开放发展、共享发展，是科技驱动的法治现代化。新中国成立以后，中国共产党把科学技术现代化纳入"四个现代化"之列，先后提出并实施科教兴国战略、人才强国战略、创新驱动发展战略，持续追赶世界经济发展和科技前进的步伐。党的十八大以来，中国法治建设坚持把制度优势和科技优势结合起来，加快法治领域现代科技应用，开辟法治建设新领域、新赛道，塑造法治发展新动能、新优势，在互联网司法、智慧警务、数字检察等领域已居世界前列水平。党的二十大报告对加快建设教育强国、科技强国、人才强国作出了系统部署。在实践中，法治运行网络化、法律信息数字化、法治业务智能化正在开启崭新的法治图景。

第八，强调共商共建共享的全球治理观，是促进世界和平发展的法治现代化。在西方法治现代化进程中，一些西方国家曾热衷于搞法律殖民主义、霸权主义，将其法治价值观念、法律制度作为"普适价值""普适制度"强加于其他国家，强迫其他国家给予各种形式"治外法权"。党的二十大报告指出："中国式现代化是走和平发展道路的现代化。我国不走一些国家通过战争、殖民、掠夺等方式实现现代化的老路，那种损人利己、充满血腥罪恶的老路给广大发展中国家人民带来深重苦难。"法治中国建设坚决反对法律殖民主义、霸权主义，既不照搬照抄其他国家法律制度，也不强行输出本国法律制度，走的是与其他国家平等相待、文明互鉴、携手共进的共同现代化之路。中国式现代化站在世界历史和全球视野的高度，借鉴吸收人类法治文明有益成果，深刻把握人类政治文明发展趋势，及时回应世界之变带来的全球法治问题，提出共商共建共享的全球治理观，推动构建人类命运共同体，为发展中国家法治现代化提供了中国经验，为人类政治文明进步贡献了中国智慧，为全球治理体系变革提供了中国方案。

综合而言，中国特色社会主义法治道路是一条理论联系实际，适合中国国情的治理之路，是一条促进中华民族伟大复兴的民主法治之路。勤劳、勇敢、坚强的中国人民必将在中国特色社会主义法治道路上践行法治，将中华民族的伟大智慧运用于中国特色社会主义法治的建设之中，让世界看到当代中国的法治成就。习近平法治思想彰显了在党的领导下走中国特色社会主义法治道路的真理力量、实践意义，更加坚定了建设中国特色社会主义法治的道路自信、理论自信、制度自信、文化自信。

第二章 ....

中国特色社会主义法治体系与建设格局

2

中国特色社会主义法治
体系与建设格局

全面推进依法治国，总目标是建设中国特色社会主义法治体系，建设社会主义法治国家。"中国特色社会主义法治体系"是习近平凝聚全党智慧提出来的一个思想品位极高的统领法治建设全局的概念，它通过系统化的制度构建，提供了全面推进依法治国总揽全局、牵引各方的基本路径。习近平总书记指出："这是贯穿决定全篇的一条主线，既明确了全面推进依法治国的性质和方向，又突出了全面推进依法治国的工作重点和总抓手，对全面推进依法治国具有纲举目张的意义。"① 依法治国各项工作都要围绕全面推进总目标来部署、来展开。

一、建设中国特色社会主义法治体系的基本内容

党的十八届四中全会首次提出"建设中国特色社会主义法治体系"的科学论断，从法律体系向法治体系的迈进，标志着党治国理政理念的重大飞跃和治国理政方式的重大转型，也是国家治理现代化的重大跨越。习近平总书记指出："法治体系是国家治理体系的骨干工程。落实全会部署，必须加快形成完备的法律规范体系、高效的法治实施体系、严密的法治监督体系、有力的法治保障体系，形成完善的党内法规体系。"② 这五个方面是中国特色社会主义法治体系的五大支柱，

① ② 习近平. 加快建设社会主义法治国家. 求是，2015（1）.

是一个有机统一的整体，既相对独立又紧密联系、相辅相成、缺一不可，共同构成具有鲜明中国特色的社会主义法治体系。

从本体论上看，法律体系是指由一国现行的全部法律规范按照不同的法律部门分类组合而形成的一个体系化的、有机联系的统一整体；法治体系则是指一个国家从立法、执法、司法、守法、普法、法律监督到法治保障的全部法治运行体制和机制。法律体系是法律的规范体系，或者说是权利义务体系，法治体系则是法律的运行体系，一个是静态的，一个是动态的，一个是平面的，一个是立体的。法治体系不仅包括立法及其形成的法律规范体系，而且还包括执法、司法、守法等法律实施环节，包括保证法律运行的保障机制、监督机制和法治队伍建设，体现了全面推进依法治国的整体要求，特别是突出了法律的实施和实效。法治体系是一个描述一国法治运行与操作规范化有序化程度，表征法治运行与操作各个环节彼此衔接、结构严整、运转协调状态的概念，也是一个规范法治运行与操作，使之充分体现和有效实现社会主义法治核心价值的概念。中国特色社会主义法治体系的提出，使我国法治建设"若罗网之有纪纲而万目张也"（《白虎通义・三纲六纪》）。

（一）完备的法律规范体系

完备的法律规范体系是法治体系的第一要义。正所谓

"小智治事，中智治人，大智立法"①。从法学理论角度看，法律体系的概念相对宽泛，指一国现行有效的法律规范的总和；法律规范体系则相对具体明确。法律规范作为法律的基本组成单位，必须清晰明确地规定法律主体的权利义务范围、权力行使边界以及责任归属等具体事项，通常是由假定、处理、后果三要素构成的逻辑规范。其中，假定是适用法律规范的前提，只有符合法定条件，法律规范才能适用。如果法律规范对其适用条件或场合规定不明确、设计不科学，势必会导致随意适用法律规范处理问题的情形，有悖于法治的确定性、明晰性、逻辑性。处理是指对法律规范调整的行为进行高度抽象而归纳出来的行为模式，分为可以做什么、应当做什么和不得做什么三大类型。后果则是依照或违反法律规范设定的行为模式而行为所产生的法律上的后果，包括奖励、授权等肯定式后果和惩罚、制裁等否定式后果。法律规范越是准确完备、逻辑严谨、协调，行政执法、司法和守法工作就越有章可循、严格规范。

完备的法律规范体系对立法工作，即规范性法律文件的制定提出了更高的要求：一是彰显价值。体现中国特色社会主义的本质要求，体现改革开放和社会主义现代化建设的时代要求，体现结构内在统一而又多层次的国情要求，体现继承中国法制文化优秀传统和借鉴人类法治文明成果的文化要求，体现动态、开放、与时俱进的发展要求，恪守以民为本、

---

① 中共中央文献研究室. 习近平关于全面依法治国论述摘编. 北京：中央文献出版社，2015：12.

立法为民的理念，按照宪法法律的相关原则，兼顾实质正义与程序正义。二是体系融贯。构建以宪法为核心，上下有序、内外协调，各部门法和同一法律部门的不同法律规范之间协调一致、有效衔接、调控严密的法律规范体系。三是保证实施。对权利义务和责任的设定要明确具体，提高立法的针对性和可执行性，坚决反对打法律白条，防止法律规范空洞抽象、逻辑模糊或自相矛盾。四是立法评估。法律规范体系是反映法治体系规范基础的指标，可对其从立法完备性、科学性和民主性等角度进行评估，其中立法完备性是对法律规范体系形式上是否完备的要求，立法科学性是对法律规范体系内容上是否合乎社会需求及能否发挥最佳效果的要求，立法民主性是对法律规范体系制定过程及结果是否民主的要求。五是漏洞填补。社会事务千变万化而法律相对稳定不变，这就存在国家法律、行政法规、地方性法规等难以穷尽待调整之事的矛盾情形，对此法律规范要有预防处置办法。

（二）高效的法治实施体系

高效的法治实施体系是法治体系建设的关键。"法律的生命力在于实施。如果有了法律而不实施，或者实施不力，搞得有法不依、执法不严、违法不究，那制定再多法律也无济于事。"[①] 中国特色社会主义法律体系的形成，总体上解决了有法可依的问题，但把这个法律体系以及新制定的法律实施

---

① 中共中央文献研究室．习近平关于全面依法治国论述摘编．北京：中央文献出版社，2015：57.

到位，永远没有完成时，法治建设永远在路上。"盖天下之事，不难于立法，而难于法之必行。"（《辑校万历起居注》）目前，我国的法治实施体系仍有不完善之处，执法体制权责脱节、多头执法、选择性执法现象仍然存在，执法司法不规范、不严格、不透明、不文明现象较为突出，群众对执法司法不公和腐败问题反映强烈①。如果这些问题得不到有效解决而长期存在，不仅会破坏社会主义法治的权威性，更会侵犯人民群众的合法权益，危害社会主义制度和党的执政根基。为此，在完善各项法律制度的同时，要积极采取措施，切实保障宪法法律的有效实施。

第一，要树立宪法权威，加强宪法实施。宪法是国家的根本法，是治国安邦的总章程，具有最高的法律地位、法律权威和法律效力。坚持依法治国首先要坚持依宪治国，坚持依法执政首先要坚持依宪执政。宪法的生命在于实施，宪法的权威也在于实施。为保障宪法的有效实施，党的十八届四中全会通过的《中共中央关于全面推进依法治国若干重大问题的决定》提出，"完善全国人大及其常委会宪法监督制度，健全宪法解释程序机制。加强备案审查制度和能力建设，把所有规范性文件纳入备案审查范围，依法撤销和纠正违宪违法的规范性文件，禁止地方制发带有立法性质的文件"。国家将每年 12 月 4 日定为国家宪法日，在全社会普遍开展宪法教育，弘扬宪法精神。建立宪法宣誓制度，彰显宪法权威，增

① 中共中央关于全面推进依法治国若干重大问题的决定. 北京：人民出版社，2014：3.

强公职人员宪法观念，激励公职人员忠于和维护宪法。

第二，确保各级政府依法全面履行职能，坚持法定职责必须为、法无授权不可为，建立健全和实施负面清单、权力清单和责任清单，从源头上遏制执法中的不作为和滥作为，特别是要杜绝以权谋私、权钱交易。做好法律法规配套规定制定工作。健全依法决策机制、创新执法体制、完善执法程序，严格执法责任，以信息化为依托，构建公开透明的阳光执法机制，做到严格规范文明执法。

第三，推进司法改革、释放司法效能，坚持公开透明，注重信息建设。着力打造各类生效司法文书统一上网和公开查询平台，展示司法判决书和理由，努力让人民群众在每一个司法案件中感受到公平正义。建立行政自由裁量权基准制度，规范司法自由裁量权统一行使。完善司法解释制度和案例指导制度，加大司法解释和案例指导工作力度，适时发布高质量的司法解释和指导性案例，统一执法办案的尺度，为严格执法、公正司法提供明确细致统一的依据。

第四，法治实施离不开全社会的共同参与，只有全社会形成尊法、学法、守法、用法的良好氛围，法治实施才算真正取得成效。应当继续加强普法宣传教育，党员应当发挥模范带头作用，领导干部应当依法行使手中权力，保证执法和支持司法活动，树立职权与职责统一的法治观念。强化规则意识、程序意识和契约精神熏陶，引导人们积极维护法律权利、自觉履行法律义务。鼓励和支持公众参与社会治理，发挥市民公约、乡规民约、行业规章等社会规范在法律实施体系中的辅助作用。着力培育公民和社会组织自觉守法的意识和责任感，营造全社会共同守法的良好氛围，夯实建设法治实施体系的社会根基。

（三）严密的法治监督体系

法治监督体系健全与否影响着法治体系建设的成败。一方面，无论是执政权，还是立法权、执法权和司法权，每一种权力缺乏监督都可能导致腐败。要将权力关进制度的笼子，让权力不能任性，必须以规范和约束公权力为重点，加大监督力度，做到有权必有责、用权受监督、违法必追究，坚决纠正有法不依、执法不严、违法不究行为。另一方面，无论是立法、执法、司法还是公民守法，每一个法治环节都可能出现权力（权利）滥用或违法犯罪现象。为此，应当织就疏而不漏的法治监督之网，加强党内监督、人大监督、民主监督、行政监督、司法监督、社会监督、舆论监督的制度建设，形成科学有效的权力运行和监督体系，不留死角，实现对法治活动的全程和全面监督，增强监督实效。形成严密的法治监督体系，是一项涉及面很广的系统工程。从全面推进依法治国的战略部署角度看，它至少包括健全宪法实施和监督制度，强化对行政权力的制约和监督，加强对司法活动的监督，重视和规范舆论监督等方面的具体内容。而无论哪一领域的法律监督，都必须突出监督重点，加大监督力度，完善监督机制，提升监督能力。如果监督主体不明、监督范围过窄、监督程序不明、监督责任不清、监督疲弱乏力，那么，法治体系便会因权力的膨胀性与扩张性而无法建立起来。因此，必须一手抓法律实施，一手抓法律监督，切实做到有权必有责、有责必追究；切实改变不愿监督、不敢监督、不会监督、不想监督的局面；坚决杜绝以权谋私、权钱交易，坚决破除潜规则、坚持对腐败的零容忍，坚决反对和克服特权思想、衙门作风、霸道作风，坚决反对和惩治粗暴执法、野蛮执法行为，确保法治在正确轨道上健康有序地运行。

（四）有力的法治保障体系

法治的实施和监督不是无条件的、绝对的，在不同的保障条件下，法律规范和法律实施与监督体系的运行与实践效果必然会不同甚至存在根本差异。法治保障体系严谨、强大有力、方向正确，则法治实施健康有序、成效显著；法治保障体系无力甚至缺少保障体系，法治制度便难以为继，不可能高效地运行，更不可能达到预期的制度效果。因此，不仅要有一整套法治保障制度，还要确保法治保障体系高效而有力。法治保障体系是法治体系得以运行的保障措施，广义的法治保障体系是由政治保障、思想保障、组织保障、人才保障、体制保障和履职保障以及实践运行保障构成的统一体。其中，坚持中国特色社会主义法治道路是确保法治建设的政治保障，中国特色社会主义法治理论体系是思想保障，中国共产党的领导是组织保障，切实提高领导干部、公务人员、法律实务工作者的法治思维水平和依法办事能力是人才保障，立法、司法、行政执法体制机制改革与完善是体制保障。另外，法治运行过程中必要的人财物等"硬件"和法治文化、法治精神、法治理念等"软件"也是至关重要的保障要件。狭义的法治保障体系包括以下三个重要方面：一是体制保障。二是队伍保障。"徒法不足以自行"，法律最终还是要靠人来实施。对一个国家或地区而言，法学教育和普法宣传能否满足法治需要，法官、检察官、警察和律师的数量是否充足，其业务素质和道德品质是否合格，对法治建设至关重要。三是物质和经费保障。立法、审判、检察、公安工作的物质和经费投入（包括基础设施、装备、活动经费和工资福利等）是否充足，是判断法治保障是否有力的重要内容。

（五）完善的党内法规体系

治国必先治党，治党务必从严。党内法规既是管党治党的重要依据，也是建设社会主义法治国家的有力保障。截至2023年12月31日，中国共产党已经拥有9 918.5万名党员、517.6万个基层党组织①，对这样一个超级大党来说，没有非常完善且科学合理的党内法规体系，是难以有效管理和运转的。新中国成立以来，特别是改革开放以来，中央及各职能机关制定颁布了一批重要党内法规，初步形成了以党章为根本，以一系列准则、条例为支撑的党内法规体系，为管党治党、执政治国提供了重要制度保障。但是，随着国家法律体系的逐渐完备，党内法规内部及其与国家法律之间的冲突和

---

① 中共中央组织部. 中国共产党党内统计公报. 人民日报，2024 - 07 - 01
(4).

不一致问题也亟待解决。2019 年，中共中央发布了《中国共产党党内法规制定条例》和《中国共产党党内法规和规范性文件备案审查规定》两个文件，对党内法规的制定权限、规划与计划、起草、审批与发布、适用与解释等作出了明确规定。形成完善的党内法规体系应主要从以下方面着手：一是完善以党章为根本、以民主集中制为核心的党内法规制度体系。二是实现党内法规同国家法律的衔接与协调。三是党的各级组织和党员干部要自觉遵守纪律，模范遵守国家法律。

二、建设中国特色社会主义法治体系的基本原则

实现全面推进依法治国所明确的建设中国特色社会主义法治体系的总目标，必须始终坚持五个基本原则，即坚持中国共产党的领导、坚持人民主体地位、坚持法律面前人人平等、坚持依法治国和以德治国相结合、坚持从中国实际出发。其中，中国共产党的领导是建设社会主义法治国家最根本的保证、人民主体是当代民主政治的必然要求、法律平等是社会公正的底线、德法共治是发展社会主义市场经济的需要、中国实际是党实事求是思想路线的正确体现，五者相互关联、相互补充、缺一不可。

（一）坚持中国共产党的领导

党是全面依法治国的领导核心。坚持党的领导所要解决

的是全面依法治国的政治前提问题。深刻认识党的领导在全面依法治国中的历史地位、现实意义、实践方式，既是中国当代法治取得成功的关键，又是党的事业兴旺发达的关键。在全面依法治国的伟大实践中，坚持党的领导是必须坚持的首要原则，在任何时候、任何情况下都必须把党的领导置于法治实践的头等地位，时刻把握党的领导对全面依法治国的"最本质"属性和"最根本"价值。这既反映了历史规律性，又具有现实合理性和合法性。必须时刻保持清晰的头脑，坚定不移地在党的领导下建设中国特色社会主义法治体系，与时俱进地完善党对法治的领导，强化党对法治体系建设各领域、各环节实行的全方位领导。

（二）坚持人民主体地位

人民是全面依法治国的主体力量。坚持人民主体地位所要解决的是全面依法治国的治者与被治者之间的关系问题。这个问题以往一直没有得到有效的解决，正如《荀子·君道》所言"法者，治之端也；君子者，法之原也"；《管子·明法解》指出，"法度者，主之所以制天下而禁奸邪也"，"以法治国，则举措而已"；《孟子·滕文公上》强调"劳心者治人，劳力者治于人"。这显然是把君王、公权力执掌者与百姓、人民之间的关系看成是本源与派生、治者和被治者的关系，在根本上颠倒了法治的主客体关系。坚持人民主体地位，就要始终坚持法治建设为了人民、依靠人民、造福人民、保护人民，以保障人民根本权益为出发点和落脚点，保证人民依法享有广泛的权利和自由、承担应尽的义务，维护社会公平正义，促进共同富裕；要充分发扬民主，保证人民在党的领导下，依照法律规定，通过各种途径和形式管理国家事务，管理经济和文化事业，管理社会事务，让法律为人民所掌握、所遵守、所运用。

（三）坚持法律面前人人平等

平等是社会主义法律的基本属性。坚持法律面前人人平等所要解决的是全面依法治国的价值准则问题。法治总是与特定的价值形态、价值观念、价值准则连为一体的。社会主义法治体系建设，在实质上就是通过法律制度规范确立和维护社会主义公平正义的价值原则，从而确保法治的社会主义性质。这一原则要求任何组织和个人都必须切实尊重和自觉维护宪法法律的统一、尊严和权威，始终在宪法法律范围内活动，依照宪法法律行使权力或权利、履行相应的职责或义务。把平等性从各种价值属性当中抽取出来作为中国特色社会主义法治的基本原则，有其鲜明的针对性，即针对特权思想、特权人物、特权阶层，针对权大于法、钱大于法、情大于法。坚持法律面前人人平等，必须旗帜鲜明地反对任何人以任何借口和任何形式以言代法、以权压法、徇私枉法，尤其是要以规范和约束公权力为重点，加大监督力度，做到有权必有责、用权受监督、违法必追究，坚决纠正有法不依、执法不严、违法不究的现象。

（四）坚持依法治国和以德治国相结合

法律是外在的道德，道德是内心的法律。国家和社会治理需要法律和道德共同发挥作用，既要重视发挥法律的规范作用，又要重视发挥道德的教化作用，以法治体现道德理念、强化法律对道德建设的促进作用，以道德滋养法治精神、强化道德对法治文化的支撑作用，实现法律和道德相辅相成、法治和德治相得益彰。社会主义法律与社会主义道德具有共同的价值取向和理念内涵，全面依法治国、建设法治体系，必须坚持一手抓法治、一手抓德治，大力弘扬社会主义核心价值观，弘扬中华传统美德，培育高尚的社会主义道德情操。

（五）坚持从中国实际出发

中国实际是全面依法治国的现实基础。任何法律制度与法治实践总是与特定的社会实际和国情结合在一起的，中国的法治建设必须从中国国情出发。中国是世界上文明发达最早的国家之一，法制文明是中国古代文明的重要构成和明显标志。例如：注重法律的人文精神，强调以人为本、以民为本、社会和合；注重礼法互补，强调明德慎刑；注重法律的教育功能，主张以法为教，强调法律的任务不仅是"禁暴惩奸"，而且要"弘风阐化"，"仁义礼乐者皆出于法"等。要实现全面依法治国的总目标，就要在充分认识中国国情和实际的大背景下加强法律文化研究，细心梳理和认真甄别中华优秀法律文化传统，并在此基础上合理吸收中华优秀法律文化传统。在建设中国特色社会主义法治体系进程中，我们也应当认真分析西方法治文明要素并理性地借鉴其合理成分。在全球化时代，我们还要有全球意识、全球视野，处理好国家治理与全球治理的辩证统一关系。法治中国建设决不能脱离中国实际，更不能盲目照搬照抄西方国家的法治模式。

三、建设中国特色社会主义法治体系的基本格局

建设社会主义法治国家，要求将全面依法治国作为一个系统工程来进行整体谋划和协调推进，充分实现"共同推进"和"一体建设"的有机结合，高度重视整合力量、发挥各方面的积极性和主动性。习近平总书记指出："准确把握全面推进依法治国工作布局，坚持依法治国、依法执政、依法行政共同推进，坚持法治国家、法治政府、法治社会一体建设。全面推进依法治国是一项庞大的系统工程，必须统筹兼顾、把握重点、整体谋划，在共同推进上着力，在一体建设上用劲。"[1]

（一）坚持依法治国、依法执政、依法行政共同推进

依法治国是党领导人民治理国家的基本方式，是以法律

---

[1]　习近平.加快建设社会主义法治国家.求是，2015（1）.

权威至上为核心、以权力制约为机制、以人权保障为目标的治理模式。中国特色社会主义法治国家所要推进的依法治国，是指广大人民群众在党的领导下，依照宪法和法律规定，通过各种途径和形式管理国家事务，管理经济和文化事业，管理社会事务，保证国家各项工作都依法进行，逐步实现社会主义民主的制度化、法律化，使这种制度和法律不因领导人的改变而改变，不因领导人看法和注意力的改变而改变。

依法执政是党的执政方式在新时期的重要转变，是指党依据宪法和法律以及党内法规体系治国理政和管党治党，实现党和国家生活的法律化、制度化、规范化。全面推进依法治国、建设社会主义法治国家，关键在于执政党依法民主科学执政。依法执政的基本内容主要包括：第一，党领导立法，保证党的主张和意志通过法定程序上升为国家意志；第二，依照宪法和法律、党内法规领导国家政权，运用国家政权，实现党的宗旨、目标和任务；第三，保证和支持行政机关依法严格执法、司法机关公正司法，确保民主的法律化、制度化；第四，带头遵守宪法法律，自觉维护宪法法律权威；第五，通过依法执政的体制机制改革，自觉提升运用法治思维和法治方式进行执政的意识和能力；第六，依法保障和规范党的机关和党员干部执掌和运用权力的行为，反对以言代法、以权废法、徇私枉法。

依法行政是指各级政府在党的领导下、依法行使行政管理权和依法执行法律。无论是哪一层级的政府及其部门，其权力的设定、取得、运行和监督都必须依法进行，确保始终不偏离法治的轨道。其基本要求是以合法性原则为基本指导，坚持法定职责必须为、法无授权不可为、违法行为必追究。为此，应当改革行政执法体制，推进综合执法、严格执法责任，构建权责统一、权威高效、程序严谨的依法行政体制，切实防止选择性执法、多头执法、违法执法，牢固树立权力来源于人民、权力依据法律授予、权力为了人民的法治观念。

依法治国、依法执政和依法行政是相互联系、相辅相成的关系，具有价值取向的一致性、基本要求的统一性、运行机制的关联性。依法治国是全局、依法执政是核心、依法行政是关键，三者缺一不可、不可偏废，应当通盘谋划、共同推进。

（二）坚持法治国家、法治政府、法治社会一体建设

建设中国特色社会主义法治体系，建设中国特色社会主义法治国家是全面推进依法治国的总目标。法治国家是指依法赋予、运行和制约国家权力，通过公正司法和严格执法来维护法律权威并实现人民权利的国家存在形式。一个成熟的法治国家首先是依法治理的国家。法律之治是法治国家的第一要件。在所有规范形式和调整方式中，法治是治国理政的基本方式。国家的政治、经济、社会、文化关系，即一切国家权力形式之间及其与公民权利之间的关系，均应被纳入法律调控的范围，接受法律的治理。权力制约是法治国家的第二要件。依法制约公共权力。国家权力不是无限的，更不可主观任性地运行。相反，应当是有限的、分立的、受法律监督制约的。注重程序是法治国家的第三要件。无论是司法过

程、执法行为，还是政治决策与民主政治活动，都应该有一整套程序规范引导，并固化为法律程序，获得全体组织和所有人的一致遵循。程序是法治国家不同于人治国家的重要标志。法律权威是法治国家的第四要件。法律与人尤其是领导者个人的权威孰高孰低是法治与人治的最根本区别。当法律权威高于个人尤其是领导者个人的权威时，便是法治；反之，便是人治。人权保障是法治国家的第五要件。坚持人民主体地位，以人民的基本权利和利益为最高价值追求，是法治国家的生命力之所在。良法善治是法治国家的第六要件。不仅要有完备的法律体系，更需要抛弃恶法、弘扬良法，用文明进步的良善价值来主导和统率法律规范；不仅要依法治理，更要构建法治先行、透明公开、公平正义、以人为本、高效理性、权责统一的现代治理体系。依法进行良善治理的国家才是真正的法治国家。

法治政府是依据宪法法律设立、政府权力法定、政府决策和行为严格依据法律程序进行并对其后果承担相应责任的政府。政府依法行政和严格执法，是法治的重心。在所有的国家机关中，与群众关系最密切的就是各级人民政府，国家的法律法规也需要各级政府来实施。政府的决策与执法活动是否符合法治精神和法治原则，不仅关系到法治国家依法治国能否成功，更关系到社会的稳定和人民的幸福。因此，必须牢牢抓住这个关键，在规范政府权力行使、防止权力滥用、明确权力价值取向上作出全面的法治制度安排，并确保在法治实践中得到有效落实，只有这样，全面推进依法治国、加快建成法治国家才不会流于形式。法治政府是有限政府，其权力受到法律的界分和限定，不能超越法律的界限运行；法治政府是责任政府，有权必有责，有责必承担；法治政府是人民政府，以人民的基本自由和权利为依归；法治政府是程序政府，一切重大决策和行为活动都必须通过公共参与、专家论证、风险评估、合法性审查和集体讨论决定；法治政府是阳光政府，实行信息公开，赋予社会大众广泛的知情权和参与权，以民主决策和民主监督来实现公开公正、保障政府的法治本色；法治政府是诚信政府，应当自觉维护法律权威、自觉履行职责，为政令畅通、政民和谐奠定基础。为此，党的十八届四中全会通过的《中共中央关于全面推进依法治国若干重大问题的决定》指出："加快建设职能科学、权责法定、执法严明、公开公正、廉洁高效、守法诚信的法治政府"。

法治社会是社会依法治理、社会成员人人崇尚法治和信仰法治、社会依法自治、社会秩序在法治下和谐稳定的社会。社会是人与人之间相互关系的总和，法治社会是与法治国家相互对应、相辅相成的。没有法治社会，便没有法治国家。因此，全面推进依法治国，必须推进法治社会建设。具体来说：第一，全社会树立法治意识。法律的权威来自人民的内心拥护和真诚信仰。通过法治宣传教育，弘扬社会主义法治精神、建设社会主义法治文化，使全体人民自觉依法行使权利、履行义务、承担社会和家庭责任。第二，社会多层次多领域依法治理。坚持系统治理、依法治理、综合治理、源头治理，提高社会治理法治化水平，支持各类社会主体自我约束、自我管理。第三，党和国家依据宪法法律治理社会。按照党的十八届四中全会通过的《中共中央关于全面推进依法治国若干重大问题的决定》的要求"建设完备的法律服务体系。推进覆盖城乡居民的公共法律服务体系建设，加强民生领域法律服务。完善法律援助制度，扩大援助范围，健全司法救助体系"，"健全依法维权和化解纠纷机制。强化法律在维护群众权益、化解社会矛盾中的权威地位，引导和支持人们理性表达诉求、依法维护权益，解决好群众最关心最直接最现实的利益问题"。总之，法治国家、法治政府和法治社会三者内在统一、相互融合、相互促进，共同生长为社会主义法治国家。

(三) 实现科学立法、严格执法、公正司法、全民守法

习近平总书记指出："全面推进依法治国，必须从目前法治工作基本格局出发，突出重点任务，扎实有序推进。"①"科学立法、严格执法、公正司法、全民守法"作为目前及今后一个时期法治工作的基本格局，是对"有法可依、有法必依、执法必严、违法必究"十六字方针的新发展和新突破，明确了全面依法治国的重点环节和主要任务，具有十分重大的历史和现实意义。其中，科学立法是全面依法治国的前提，严格执法是全面依法治国的关键，公正司法是全面依法治国的保障，全民守法是全面依法治国的基础。

---

① 习近平. 加快建设社会主义法治国家. 求是，2015 (1).

Chinese Modernization

and Rule of Law in China

第三章 ···

新时代中国立法

3

新时代中国立法

立法是国家的重要政治活动，是把党的主张和人民的意志通过法定程序转化为国家意志的过程，立法工作关系党和国家事业的发展全局，在全面建设社会主义现代化国家、全面深化改革、全面依法治国、全面从严治党的战略布局中，立法发挥着越来越重要的作用。建设中国特色社会主义法治体系，必须坚持立法先行，发挥立法的引领和推动作用，抓住提高立法质量这个关键。党的十八大以来，全国人大先后于 2015 年、2023 年两次修正《立法法》，深入贯彻党中央重大战略部署和习近平法治思想，总结新时代正确处理改革和法治关系的实践经验，完善发展了立法指导思想和原则、合宪性审查制度、赋予设区的市地方立法权、落实税收法定原则、发挥人大及其常委会的立法主导作用、监察立法和立法体制机制等，更好地引领和推动了完备的法律规范体系以及法治体系建设。为护航新征程，全面推进国家各方面工作法治化，铸牢善治的良法根基，奠定了坚实基础。

一、新时代立法体制与法律体系

（一）立法体制与时俱进

改革开放以来，根据宪法、立法法、地方组织法等关于制定法律、行政法规、地方性法规以及规章的规定，我国逐渐构建起统一而又分层次的立法体制。从现实发展看，现行立法体制总体上适应改革开放 40 多年来我国经济社会发展需要，功不可没，但也暴露出不少问题。习近平总书记指出："各有关方面都要从党和国家工作大局出发看待立法工作，不要囿于自己那些所谓利益，更不要因此对立法工作形成干扰。要想明白，国家和人民整体利益再小也是大，部门、行业等局部利益再大也是小。彭真同志说立法就是在矛盾的焦点上'砍一刀'，实际上就是要统筹协调利益关系。如果有关方面都在相关立法中掣肘，都抱着自己那些所谓利益不放，或者都想避重就轻、拈易怕难，不仅实践需要的法律不能及时制定和修改，就是弄出来了，也可能不那么科学适用，还可能造成相互推诿扯皮甚至'依法打架'。这个问题要引起我们高度重视。"①

　　我国是统一的、单一制的国家，同时地域广、各地方的经济社会发展不平衡。与这一国情相适应，在最高国家权力机关集中行使立法权的前提下，为了使法律既能通行全国，又能适应各地方不同情况的需要，根据宪法"遵循在中央的统一领导下，充分发挥地方的主动性、积极性的原则"，《立法法》确立的立法体制如下②：

　　第一，全国人大及其常委会行使国家立法权。根据宪法，全国人民代表大会负责修改宪法。修宪权是最高的立法权，只能由全国人民代表大会行使；全国人大还行使制定和修改

---

　　①　中共中央文献研究室．习近平关于全面依法治国论述摘编．北京：中央文献出版社，2015：44．

　　②　李飞．立法法与全国人大常委会的立法工作．http：//www.npc.gov.cn/npc/c30834/202010/5753daa 65d374914b08d425e02b92b70. shtml.

刑事、民事、国家机构的和其他的基本法律的职权。全国人大常委会制定和修改除应当由全国人大制定的法律以外的其他法律；在全国人大闭会期间，对全国人大制定的法律进行部分补充和修改，但不得同该法律的基本原则相抵触。关于全国人大及其常委会的专属立法权，根据宪法规定和多年立法实践，《立法法》第十一条规定了十一个方面的事项只能制定法律，涉及国家主权、基本政治制度、经济制度、公民的基本权利和义务等方面。人大在立法工作中应当发挥主导作用。作为我国政治制度中最重要的顶层设计，人民代表大会制度体现、协调和处理人民代表大会与公民，人民代表大会与国家行政机关、司法机关的关系，是人民参政议政、决定国家和社会公共事务的基本方式。我国现行《宪法》规定"中华人民共和国全国人民代表大会是最高国家权力机关"，是行使国家立法权的国家机关。《立法法》对全国人民代表大会及其常委会、地方人民代表大会及其常委会的立法权限作了系统界定。在党中央集中统一领导下，全国人大及其常委会加强立法工作组织协调，明确全国人大同全国人大常委会的立法权限划分，逐步增强全国人大自身的立法职能以体现立法的人民性和民主性，同时以全国人大及其常委会为中心展开有效的法律监督，保证行政立法和地方立法与宪法法律的统一；对需要制定配套法规的法律，有关专门委员会、常委会工作委员会要督促有关单位和地方按照要求制定、修改、清理配套法规；尊重人大代表主体地位，把办理好人大代表依法提出的议案、建议与立法工作紧密结合起来，邀请相关人大代表参与立法评估、调研、审议，为人大代表提供相关立法参阅资料，听取其意见和建议。

　　第二，国务院根据宪法和法律，制定行政法规。我国的政府立法有三种形式：行政法规、部门规章和地方政府规章。其中，行政法规的制定主体为国务院。部门规章是国务院各部、委员会、中国人民银行、审计署和具有行政管理职能的直属机构以及法律规定的机构，根据法律和国务院的行政法规、决定、命令，在本部门的权限范围内制定的规章。地方政府规章是省、自治区、直辖市和设区的市、自治州的人民政府，根据法律、行政法规和本省、自治区、直辖市的地方性法规制定的规章。地方政府规章的内容不得与法律、法规相违背，其效力从属于宪法、法律、行政法规和地方性法规。习近平总书记认为，"能不能做到依法治国"的关键，一看"党能不能坚持依法执政"，二看"各级政府能不能依法行政"①。而做到依法行政的一个重要前提，则是在不与宪法法律相抵触的前提下民主、科学地推进政府立法工作。应当加强和改进政府立法制度建设，完善行政法规、规章制定程序，完善公众参与政府立法机制。重要行政管理法律法规由政府法制机构组织起草的意义在于明确政府立法在国家立法体制中的地位，加强政府立法工作，运用法律手段促进各地方各领域的经济社会协调发展，实现社会全面进步，体现了民主立法和科学立法相结合，人民参与和专业部门相结合。

---

　　① 习近平.加快建设社会主义法治国家.求是，2015（1）.

第三，地方人大及其常委会制定地方性法规。首先，省、自治区、直辖市的人大及其常委会根据本行政区域的具体情况和实际需要，在不同宪法、法律、行政法规相抵触的前提下，可以制定地方性法规。其次，设区的市、自治州的人大及其常委会根据本市、州的具体情况和实际需要，在不同宪法、法律、行政法规和本省、自治区的地方性法规相抵触的前提下，可以对城乡建设与管理、生态文明建设、历史文化保护、基层治理等方面的事项制定地方性法规，报省、自治区的人大常委会批准后施行。在全面深化改革的新阶段，推进地方立法主体扩容、促进省市地方及时高效立法，成为发挥地方经济社会发展积极性、提升地方依法行政和制度创新水平的关键举措。《立法法》依法赋予设区的市地方立法权（在现在 27 个省、自治区的人民政府所在地的市，4 个经济特区所在地的市和 18 个经国务院批准的较大的市之外，新增其他设区的市和自治州的地方立法权）；同时明确设区的市只对四类确定事项制定地方性法规，法律对较大的市制定地方性法规的事项另有规定的，从其规定。原有 49 个较大的市已经制定的地方性法规，涉及上述事项范围以外的，继续有效。同时考虑到设区的市数量较多，地区差异较大，这一工作将本着"政策从宽、落实从严、逐步放权"的精神予以推进。此外，"国务院和有立法权的地方人大及其常委会要抓紧制定和修改与法律相配套的行政法规和地方性法规"[①]。赋予设区

---

① 习近平. 在首都各界纪念现行宪法公布施行 30 周年大会上的讲话. 人民日报，2012 - 12 - 05（2）.

的市地方立法事项以来，设区的市的立法取得了蓬勃发展。

第四，自治区、自治州、自治县的人大有权依照当地民族的政治、经济和文化的特点，制定自治条例和单行条例并经批准生效。自治条例和单行条例可以依照当地民族的特点，对法律和行政法规的规定作出变通规定，但不得违背法律或者行政法规的基本原则，不得对宪法和民族区域自治法的规定以及其他有关法律、行政法规专门就民族自治地方所作的规定作出变通。

第五，经济特区所在地的省、市的人大及其常委会根据全国人大的授权决定，制定法规，在经济特区范围内实施；上海市人大及其常委会根据全国人大常委会的授权决定，制定浦东新区法规，在浦东新区实施；海南省人大及其常委会根据法律规定，制定海南自由贸易港法规，在海南自由贸易港范围内实施。全国人大及其常委会于 1988 年至 1996 年分别通过了对海南省、深圳市、厦门市、汕头市和珠海市制定经济特区法规的授权决定。

第六，国务院各部、委员会、中国人民银行、审计署和具有行政管理职能的直属机构以及法律规定的机构，可以根据法律和国务院的行政法规、决定、命令，在本部门的权限范围内，制定规章。省、自治区、直辖市和设区的市、自治州的人民政府，可以根据法律、行政法规和本省、自治区、直辖市的地方性法规，制定规章。2023 年修正的《立法法》对规章的权限作了进一步规范：没有法律、行政法规、地方性法规的依据，地方政府规章不得设定减损公民、法人和其他组织权利或者增加其义务的规范。

第七，中央军事委员会和下属军事机构单位，可以制定军事法规或军事规章。2023 年修正的《立法法》第 117 条规定："中央军事委员会根据宪法和法律，制定军事法规。中国人民解放军各战区、军兵种和中国人民武装警察部队，可以根据法律和中央军事委员会的军事法规、决定、命令，在其权限范围内，制定军事规章。军事法规、军事规章在武装力量内部实施。军事法规、军事规章的制定、修改和废止办法，由中央军事委员会依照本法规定的原则规定。"

第八，国家监察委员会根据宪法和法律、全国人大常委会的有关决定，制定监察法规。2023 年修正的《立法法》第 118 条规定："国家监察委员会根据宪法和法律、全国人民代表大会常务委员会的有关决定，制定监察法规，报全国人民代表大会常务委员会备案。"

（二）完善发展法律体系

完备而良善的法律体系是法治国家的基本标志，是政权稳定和社会发展的基本保障。新中国成立后，特别是改革开放以来，中国共产党领导中国人民坚持不懈地努力，形成了立足中国国情和实际，适应改革开放和社会主义现代化建设需要，集中体现中国共产党和中国人民意志，以宪法为核心的中国特色社会主义法律体系。习近平总书记对中华人民共和国成立以来立法工作的成就给予高度评价，他说："我国形成了以宪法为统帅的中国特色社会主义法律体系，我们国家和社会生活各方面总体上实现了有法可依，这是我们取得的重大成就。"①

中国特色社会主义法律体系，是以宪法为统帅，以法律为主干，以行政法规、地方性法规为重要组成部分，由宪法及宪法相关法、民商法、行政法、经济法、社会法、刑法、诉讼与非诉讼程序法等多个法律部门组成的有机统一整体。它的形成，体现了中国特色社会主义的本质要求，体现了改革开放和社会主义现代化建设的时代要求，体现了结构内在统一而又多层次的国情要求，体现了继承中华优秀法律文化传统和借鉴人类法治文明成果的文化要求，体现了动态、开放、与时俱进的发展要求，是中国社会主义民主法治建设的一个重要里程碑。

法律体系的形成并不等于法律体系的完备，社会实践是法律的基础，法律是实践经验的总结、提炼。社会实践永无止境，法律体系也必将随着社会关系的变化、改革开放的进程以及中国特色社会主义实践的发展不断完善和发展。事实上，我国现有法律体系中不协调、相互冲突的问题依然突出，使执法者和司法者无所适从；地方立法缺乏应有的科学性与合理性，有些法存在适用漏洞，有些法过于笼统没有针对性和可执行性，有些法已经过时而未能及时修改或废除，有的法过分超前而未能反映客观规律和人民意愿；部门利益和地方保护主义法律化以及争权诿责现象较为突出。面对党和国家未来更为艰巨的使命，习近平总书记强调要进一步加强和

---

① 习近平．习近平谈治国理政．北京：外文出版社，2014：144.

改进立法工作。他指出："要完善立法规划，突出立法重点，坚持立改废并举，提高立法科学化、民主化水平，提高法律的针对性、及时性、系统性。要完善立法工作机制和程序，扩大公众有序参与，充分听取各方面意见，使法律准确反映经济社会发展要求，更好协调利益关系，发挥立法的引领和推动作用。"① 必须"加快完善法律、行政法规、地方性法规体系，完善包括市民公约、乡规民约、行业规章、团体章程在内的社会规范体系，为全面推进依法治国提供基本遵循"②。

党的十八大以来，我国法治建设迈上新台阶。就全国人大的立法工作而言，到 2022 年 4 月 20 日闭幕的十三届全国人大常委会第三十四次会议，全国人大及其常委会新制定法律 68 件，较上一个 10 年增加 1/3；修改法律 234 件，增加近 2 倍；通过有关法律问题和重大问题的决定 99 件，增加 1.5 倍。新制定的法律包括公共文化服务保障法、9 部单行税法等与人民群众切身利益高度相关的法律。仅 2021 年，我国制定新法的数量就达 17 部。其中，"推进房地产税立法"是"十四五"规划纲要的明确要求，事关千家万户的利益。对于这一群众关心的立法进程，十三届全国人大常委会第三十一次会议已作出关于授权国务院在部分地区开展房地产税改革试点工作的决定，明确试点期限为 5 年。

从党的十八大到二十大的十年间，我国法律体系日益完备，其中最具代表性的是新中国第一部以法典命名的重要法

---

① 习近平. 习近平谈治国理政. 北京：外文出版社，2014：144.
② 习近平. 加快建设社会主义法治国家. 求是，2015（1）.

律——《民法典》完成编纂并颁布实施。《民法典》是中国特色社会主义法治建设的重大成果，其中对民间借贷、霸座、紧急救助等问题都作出了针对性的规定，切实回应了人民的法治需求。此外，涉及国家安全、卫生健康、公共文化等重要领域的基础性、综合性、统领性法律相继制定出台，对生态环境、教育科技等重要领域的法律进行了系统全面的修订，网络信息、生物安全等新兴领域立法取得突破，统筹推进国内法治和涉外法治，加强涉外领域立法，中国特色社会主义法律体系完善取得显著进展，系统性、整体性、协同性进一步增强。

完善以宪法为核心的法律体系，有助于夯实中国特色社会主义永葆本色的法制根基，推进社会主义法治国家和现代化建设，为实现国家繁荣富强和中华民族伟大复兴提供科学系统的法制保障。

二、《立法法》修正是新时代立法的一件大事

（一）完善理论原则的正确指引

根据新形势新要求修正《立法法》，对立法的指导思想和原则进行了全面充实完善。

第一，坚持以习近平法治思想为指导。贯彻落实宪法规定和党的二十大精神，根据新时代党的重大理论创新成果，

对立法的指导思想作了与时俱进的完善：明确立法应当坚持中国共产党的领导，坚持以马克思列宁主义、毛泽东思想、邓小平理论、"三个代表"重要思想、科学发展观、习近平新时代中国特色社会主义思想为指导，推进中国特色社会主义法治体系建设，保障在法治轨道上全面建设社会主义现代化国家；立法应当坚持以经济建设为中心，坚持改革开放，贯彻新发展理念，保障以中国式现代化全面推进中华民族伟大复兴。从而将习近平法治思想深具实践性、真理性、指导性的理念方略融入其中，落实法治中国建设规划和战略布局，为全面推进国家各方面工作法治化作出先导。

第二，落实宪法修正案和党中央有关精神。2018 年 3 月，十三届全国人大第一次会议通过的宪法修正案包括 12 个方面内容，其中多项内容需要《立法法》同步修改。为贯彻党的二十大报告关于新时代立法工作的创新论述，2023 年《立法法》第 55 条规定："全国人民代表大会及其常务委员会坚持科学立法、民主立法、依法立法，通过制定、修改、废止、解释法律和编纂法典等多种形式，增强立法的系统性、整体性、协同性、时效性。"从立法主体、立法形式及立法评估等多重角度夯实了科学立法、民主立法、依法立法的制度基础。

第三，坚持党对立法工作的全面领导。党领导立法是推进新时代立法的政治保证。党的领导为立法工作提供科学的思想指导、政策引导和组织领导，对于确保立法代表最广大人民的根本利益、始终保持立法的正确方向，对于维护社会主义法制的统一和尊严，有效防止立法中的地方和部门保护主义具有重要意义。习近平总书记指出："各有关方面都要从党和国家工作大局出发看待立法工作，不要囿于自己那些所谓利益，更不要因此对立法工作形成干扰。要想明白，国家和人民整体利益再小也是大，部门、行业等局部利益再大也是小。"①改革开放以来的立法实践证明，只有充分发挥党委凝聚各方智慧、协调各方力量的作用，立法工作中的重大问题才能得到有效解决，只有坚持党的领导，才能保证党的理论路线方针政策贯彻执行。2014年党的十八届四中全会审议通过的《中共中央关于全面推进依法治国若干重大问题的决定》指出，"把党的领导贯彻到依法治国全过程和各方面，是我国社会主义法治建设的一条基本经验"。2018年，党中央成立中央全面依法治国委员会，加强党中央对全面依法治国的集中统一领导。2019年《中共中央关于加强党的政治建设的意见》提出，制定和修改有关法律法规要明确规定党领导相关工作的法律地位。党的十九届四中全会审议通过的《中共中央关于坚持和完善中国特色社会主义制度 推进国家治理体系和治理能力现代化若干重大问题的决定》提出要完善党委领导、人大主导、政府依托、各方参与的立法工作格局。在这些文件精神的基础上，《立法法》进一步夯实了"立法应当坚持中国共产党的领导"基本原则。党领导立法的具体做法有：就立法规划的编制、立法规划的调整、立法中的重大问题向党中央请示报告，党对立法工作中重大问题的决策程序，

---

① 中共中央文献研究室. 习近平关于全面依法治国论述摘编. 北京：中央文献出版社，2015：44.

发挥全国和地方人大党组的立法监督作用，等等。

第四，坚持人民主体地位。《立法法》新增的规定"立法应当坚持和发展全过程人民民主，尊重和保障人权，保障和促进社会公平正义"，很好地体现了社会主义民主政治理论和全过程人民民主这一创新命题，内容精当，宣示了立法为民，使每一部法律都成为反映人民意志、得到人民拥护的"良法"的价值追求。在这一理念原则的指引下，从保障人大代表全过程深度参与立法工作，到加强基层立法联系点建设；从法律草案广泛征求意见到积极反馈立法意见采纳情况，再到健全立法起草、论证、协调、审议机制……《立法法》的许多条文都强调体现人民的意志，发扬社会主义民主，坚持立法公开，保障人民通过多种途径参与立法活动，从而有利于发挥支持人民当家作主的强大制度合力和治理效应。

第五，坚持改革和立法的辩证统一。改革是"变"，法治是"定"，二者既相互冲突又辩证统一。习近平总书记强调："我们要着力处理好改革和法治的关系。改革和法治相辅相成、相伴而生。"[①] "凡属重大改革都要于法有据。在整个改革过程中，都要高度重视运用法治思维和法治方式，发挥法治的引领和推动作用，加强对相关立法工作的协调，确保在法治轨道上推进改革。"[②] 应该以法治推动改革，用法治规范改革，推进全面深化改革和法治社会建设同步、有序、健康发

---

①　中共中央文献研究室．习近平关于全面依法治国论述摘编．北京：中央文献出版社，2015：51.

②　同①153.

展。在习近平法治思想高屋建瓴的指导下，"发挥立法的引领和推动作用"被写入《立法法》的第一条制定宗旨。具体说来，"要实现立法和改革决策相衔接，做到重大改革于法有据、立法主动适应改革发展需要。在研究改革方案和改革措施时，要同步考虑改革涉及的立法问题，及时提出立法需求和立法建议。实践证明行之有效的，要及时上升为法律。实践条件还不成熟、需要先行先试的，要按照法定程序作出授权。对不适应改革要求的法律法规，要及时修改和废止"①。这个规定有利于将改革决策和立法决策很好地结合起来，正确处理法律的稳定性与变动性、现实性与前瞻性、原则性与可操作性的关系，更好发挥法治固根本、稳预期、利长远的重要作用。从 2013 年到 2018 年，依照法定程序作出的授权决定和改革决定有 21 件，涉及自由贸易区改革、行政审批制度改革、农村土地制度改革、金融体制改革、司法体制改革等方方面面，共 15 次打包修改法律 95 件次，这种力度是前所未有的。与此同时，要切实维护法制统一和尊严。完善立法体制，必须满足维护法制统一的要求，使立法符合我国法律体系的渊源结构和效力层级的制度设计，维护宪法和法律的权威，禁止规范性法律文件与宪法、法律相抵触和冲突。

第六，坚持倡导和弘扬社会主义核心价值观。党的十八大报告提出，要"倡导富强、民主、文明、和谐，倡导自由、平等、公正、法治，倡导爱国、敬业、诚信、友善，积极培

---

① 中共中央文献研究室. 习近平关于全面依法治国论述摘编. 北京：中央文献出版社，2015：51.

育和践行社会主义核心价值观"。2016年，中共中央办公厅、国务院办公厅印发了《关于进一步把社会主义核心价值观融入法治建设的指导意见》，围绕运用法律法规和公共政策向社会传导正确价值取向，把社会主义核心价值观融入法治建设作了具体部署。2018年3月，"国家倡导社会主义核心价值观"被写入宪法，社会主义核心价值观成为国家意志的体现。习近平总书记强调："使法治和德治在国家治理中相互补充、相互促进、相得益彰，推进国家治理体系和治理能力现代化。"2018年，中共中央印发的《社会主义核心价值观融入法治建设立法修法规划》明确提出，着力把社会主义核心价值观融入法律法规的立改废释全过程，确保各项立法导向更加鲜明、要求更加明确、措施更加有力。《立法法》增加规定：立法应当倡导和弘扬社会主义核心价值观，坚持依法治国和以德治国相结合，铸牢中华民族共同体意识，推动社会主义精神文明建设。这一崭新立法条例及其治理理念，将社会主义核心价值观科学有效地转化为具有刚性约束力的法律规范，通过法律规范来引领道德风尚，实现法安天下、德润人心，为以国家立法的形式引领社会主义主流思想价值，打造共建共治共享的社会治理格局，实现社会和谐稳定、安定有序，推进法治国家、法治政府、法治社会一体建设，实现中华民族伟大复兴奠定了立法基石。

（二）推进立法体制机制创新

古人云："法令行则国治，法令弛则国乱。"（《潜夫论笺校正·述赦》）"明法者强，慢法者弱。"（《韩非子·饰邪》）

在改革进入攻坚期和深水区的历史新阶段，如何更好地发挥立法的引领和推动作用，关系到全面深化改革能否顺利推进，更关系到改革的成果能否巩固和持久。由此，按照社会经济发展的趋势，回应人民群众的最大需求，不断调整和优化立法体制改革，成为完善中国特色社会主义法律体系的重要保证。《立法法》的修改，坚持问题导向和需求导向，着力解决人大立法、政府立法和地方立法的难题痛点；坚持合宪依法和严格程序原则，严格规范立法权限和立法活动，实践意义重大。虽说只对确有必要修改的条款作了修改完善，可改可不改的未作修改，但修改内容仍达 40 条之多，可谓重点突出，亮点纷呈。

第一，加强人大主导立法，完善人大立法权限、程序和工作机制。人大主导立法，是指有立法权的人大在制定规范性法律文件时，相较于其他主体更具有宪制基础和国家立法的优势地位，在立法过程中起到把握方向、统筹规划、主导进程、组织协调的作用。《中共中央关于全面推进依法治国若干重大问题的决定》强调："健全有立法权的人大主导立法工作的体制机制，发挥人大及其常委会在立法工作中的主导作用。"《立法法》第 54 条规定："全国人民代表大会及其常务委员会加强对立法工作的组织协调，发挥在立法工作中的主导作用。"这主要有五方面内容：一是协调好全国人大立法和全国人大常委会立法的关系，充分发挥人大立法职能，强化上位法对下位法的监督统合作用，保证法制统一。既使立法最大程度地反映人民意志，又强化对人大立法活动的有效监督，是当下立法工作不可偏废的双重价值追求。后者需要通过强化法律草案公开征求意见、立法听证等外部监督方式和完善法律撤销机制、效力冲突解决机制等内部监督方式，保证人大立法的质效。二是处理好人大立法和行政立法、监察立法、地方立法的关系，科学厘定授权立法的范围、事项、时限，以人大为中心展开有效的立法协调和宪法法律监督，保证法制统一。三是发挥专门委员会和常务委员会工作机构的作用，强化其在立法调研、法律草案起草、立法项目征集、立法论证、立法后评估及向常务委员会反馈报告等方面职能。四是常委会及其所属立法机构要统筹协调立法规划计划编制并督促落实职责，推动政府加强法规起草工作等。五是加强人大主导立法的平台保障和人才队伍建设，提高代表综合素质；建立监督管理机制，加强代表作风建设；发挥代表履职作用；建立激励考评机制；提高人大常委会有丰厚学养和法治实践经验的专职常委比例；等等。

第二，明确合宪性审查相关要求。在合宪性审查机制方面，确立了分别由全国人民代表大会宪法和法律委员会和全国人大常委会备案审查机构主导的双轨合宪性审查机制。由全国人民代表大会宪法和法律委员会主导的合宪性审查机制主要承担立法的"事前审查"工作，由全国人大常委会备案审查机构主导的合宪性审查机制主要承担"事后审查"工作。事前审查范围主要集中在对法律草案的审议上，事后审查范围包括行政法规、地方性法规、监察法规、自治条例和单行条例等。在合宪性审查标准方面，明确立法应当坚持共产党的领导，符合宪法的规定、原则和精神，确立了合宪性审查的政治标准、合宪性与合法性标准。在合宪性审查效力方面，全国人民代表大会宪法和法律委员会、有关的专门委员会、常务委员会工作机构经审查认为行政法规、地方性法规、自治条例和单行条例同宪法或者法律相抵触，或者存在合宪性、合法性问题，而制定机关不予修改的，应当向委员长会议提出予以撤销的议案、建议，由委员长会议决定提请常务委员会会议审议决定。

第三，增补国家监察委员会相关立法事项。为适应监察体制改革需要，2018年宪法修正案在国家机构体系中增设监察机关这一重要国家机关，并规定国家监察委员会是最高国家监察机关。这使国家监察委员会与国务院一样成为《立法法》规范的重要立法参与主体。全国人大常委会于2019年以作出决定方式，对国家监察委员会制定监察法规的事项、程序和不得与宪法、法律相抵触的要求等作了规定。宪法设置监察机关后，全国人大及其常委会对有关国家机关组织的法律作了相应修改，明确了监察机关与人大及其常委会的关系。其中，2021年修改后的《全国人民代表大会组织法》增加规定，国家监察委员会可以向全国人大及其常委会提出属于全国人大及其常委会职权范围内的议案。这里的议案，当然包括制定法律方面的议案。2023年修正的《立法法》，在立法权限的规定中明确，监察委员会的产生、组织和职权的事项，只能制定法律；在有关法律制定程序的规定中明确，国家监察委员会可以向全国人大及其常委会提出法律案。为维护法制统一，修正后的《立法法》还明确规定，国家监察委员会制定的监察法规，须报全国人大常委会备案。为加强法规的备案审查，还增加规定，国家监察委员会认为行政法规、地方性法规、自治条例和单行条例同宪法、法律相抵触，或者存在合宪性、合法性问题的，可以向全国人大常委会书面提出审查的要求。

第四，完善地方立法权限和程序机制。主要有两方面内容：一是完善设区的市立法事项，2015 年修正的《立法法》在赋予所有设区的市立法权的同时，对其立法事项划定了范围。但近年来各地积极探索基层治理创新，努力提升基层治理效能和服务水平，并取得了明显成就，亟待以法律的形式把基层治理实践中好的做法及时固定下来。所以 2023 年修正的《立法法》在设区的市可以行使地方立法权的事项中增加"基层治理"内容，并将"环境保护"事项修改为"生态文明建设"，切中了实践需求，意义重大。二是建立区域协同制定地方性法规制度，并确认相关地方人大立法机关可以建立立法协同工作体制机制。这也是近年来国家贯彻新发展理念，实施区域协调发展战略，不断健全协调发展体制机制，有力推动了各地区合理分工、优势互补，经济增长潜力逐步显现，特别是近年来部分地方立法机关创新协同立法工作机制，探索协同制定相关地方性法规，取得良好绩效的必然结果。与此同时，《立法法》在部门规章制定主体中增加"法律规定的机构"，使协同制定地方性法规和建立协同立法工作机制有了具体明确的法律依据，为地方在法治轨道上推动区域协调发展，特别是建立健全区域协调发展体制机制提供了有力的法律依据。

三、推进科学立法、民主立法、依法立法^①

新时代新征程，我国立法因应实践需要和时代要求，以提高立法质量为核心，注重立法的科学化、精细化和群众的获得感、满意度，大力拓展公众参与立法的途径，切实发挥立法对全面依法治国的引领和推动作用，成效突出。

（一）内涵与实效

习近平总书记指出："人民群众对立法的期盼，已经不是有没有，而是好不好、管用不管用、能不能解决实际问题；不是什么法都能治国，不是什么法都能治好国；越是强调法治，越是要提高立法质量。这些话是有道理的。我们要完善立法规划，突出立法重点，坚持立改废并举，提高立法科学化、民主化水平，提高法律的针对性、及时性、系统性。"^②党中央强调提高立法质量，《立法法》亦将提高立法质量明确为立法的一项基本要求。习近平总书记指出："推进科学立法、民主立法，是提高立法质量的根本途径。科学立法的核

---

① 冯玉军．推进科学民主依法立法．https：//www.cssn.cn/fx/fx_ttxw/202307/t20230727_5670812.shtml.

② 中共中央文献研究室．习近平关于全面依法治国论述摘编．北京：中央文献出版社，2015：43—44.

心在于尊重和体现客观规律，民主立法的核心在于为了人民，依靠人民。要完善科学立法、民主立法机制，创新公众参与立法方式，广泛听取各方面意见和建议。"①

科学立法、民主立法、依法立法对国家和地方立法而言意义重大。第一，科学立法、民主立法、依法立法是党领导人民不断完善社会主义国家制度和国家治理体系，不断深化对共产党执政规律、社会主义建设规律、人类社会发展规律和立法规律的认识，总结立法实践经验而确立的核心命题。第二，科学立法、民主立法、依法立法是以习近平法治思想为指导，坚持党对立法工作的全面领导、坚持以人民为中心、坚持改革和立法的辩证统一、坚持倡导和弘扬社会主义核心价值观，开展新时代立法工作必须遵循的基本原则。第三，科学立法、民主立法、依法立法是践行全过程人民民主理念、确保国家法治秩序统一、牢牢把握立法发展方向、完善法律体系，评价立法优劣与价值实现程度的重要标尺。

科学立法、民主立法、依法立法三大原则是密不可分、相辅相成的有机整体。科学立法是核心要求，在认识论、方法论上为立法工作提供指导，关键在尊重和体现客观规律，确保实现高质量立法。民主立法是根本属性，立法决策和立法内容要实事求是，符合人民群众需求和客观实际，恪守以民为本、立法为民的理念。依法立法是前提保障，立法必须按照法定权限、法定程序进行，其内容必须合宪合法且相互

---

① 中共中央文献研究室. 习近平关于全面依法治国论述摘编. 北京：中央文献出版社，2015：49.

融贯不相抵触。

科学立法的基本要求是从实际出发，实事求是，科学合理地规定公民、法人和其他组织的权利与义务、国家机关的权力与责任，以及相应的法律程序机制和奖惩措施，法律规范要明确具体，具有针对性和可执行性，经得起实践和历史的检验。其内涵可从以下四点来理解：

一是尊重和体现规律，因时因地制宜。立法工作必须以现实国情和本部门、本地区的实际情况作为根本依据，不能脱离和超越新时代中国特色社会主义的基本范畴与客观约束，实现原则性与灵活性的统一。马克思对立法的客观性原理有深刻论述："立法者应该把自己看做一个自然科学家。他不是在制造法律，不是在发明法律，而仅仅是在表述法律，他把精神关系的内在规律表现在有意识的现行法律之中。如果一个立法者用自己的臆想来代替事情的本质，那末我们就应该责备他极端任性。"① 立法者必须对每一个立法项目进行扎实细致的调查研究，把握不同时期、不同地域经济社会发展需要和人民群众的利益与意见，科学研判立法需求，区分轻重缓急，综合考量立法的必要性和可行性，根据实际情况和现实需要把握立法时机，使每一项立法都符合客观实际要求。全国性立法、部门性立法、地方性立法虽然立法格局大小不一，但均需体现实际需要和客观规律，并有针对性地解决挑战与问题。

---

① 马克思，恩格斯．马克思恩格斯全集：第1卷．北京：人民出版社，1956：183.

二是科学合理、规范严谨地规定权力与责任、权利与义务。立法本身就是一项为人民提供行为规范和指引的活动，具体表现为合理配置国家权力与责任、公民权利与义务等社会资源。立法对各种利益取舍和协调的结果，最终总是通过对各种权利和义务或权力和责任的设定体现出来的。我国《宪法》第33条第4款规定："任何公民享有宪法和法律规定的权利，同时必须履行宪法和法律规定的义务。"第51条规定："中华人民共和国公民在行使自由和权利的时候，不得损害国家的、社会的、集体的利益和其他公民的合法的自由和权利。"这就要求立法以国家机关行使权力与其承担责任相一致、公民行使权利和与其履行义务相一致，任何人都没有超越法律的特权。立法工作中，究竟应当如何科学合理地设定权利和义务？应当从实际出发，尊重立法本身的规律性。国家机关及其工作人员代表国家执行国家职能，其权力属于国家和人民，而不属于其单位，更不属于其个人。立法对权力的行使要进行监督，以法律制约权力，防止权力的滥用，同时保证国家机关工作的效率和责任。

三是按照现代立法理论与方法创制法律法规。在长期的立法实践中，人们总结出逻辑严谨的法律部门体系、主体体系、权利体系、关系体系、责任体系和丰富的立法理论、方法、程序、技术。以立法技术为例，广义上包括立法体制的技术、立法结构的技术、立法程序的技术和立法表达的技术等，狭义上指法律文本的结构设计技术、内容表达技术、语言表达技术和立改废释形式等。法律文本的结构设计技术是指法律、法规应当具备的形式要件，按照其内在规律要求，作出科学、合理的排列、组合和联结的形式，一般包括法的名称、法的题注、法的目录、法的序言、法的总则、法的分则、法的附则等；法律文本的内容表达技术是指法律规范按其调整对象的自身规律要求，在其内容上作出科学、合理的排列、组合和联结的形式，一般包括立法宗旨（目的）、适用范围、法的主管机关的设定、行为规则、法律用语含义解释条款、解释机关、废止条款等。

四是立法科学与否要接受社会实践和改革发展的检验。立法必须从中国实际出发，解决中国的实际问题，并且以中国的实践来检验。习近平总书记指出："科学立法是处理改革和法治关系的重要环节。要实现立法和改革决策相衔接，做到重大改革于法有据、立法主动适应改革发展需要。在研究改革方案和改革措施时，要同步考虑改革涉及的立法问题，及时提出立法需求和立法建议。实践证明行之有效的，要及时上升为法律。实践条件还不成熟、需要先行先试的，要按照法定程序作出授权。对不适应改革要求的法律法规，要及时修改和废止。要加强法律解释工作，及时明确法律规定含义和适用法律依据。"[①]

民主立法的基本要求是以民为本、立法为民，坚持人民主体地位，使法律充分体现人民意志。民主立法是保证人民有序参与立法、凝聚社会共识，实现社会主义民主政治的内

---

① 中共中央文献研究室. 习近平关于全面依法治国论述摘编. 北京：中央文献出版社，2015：51.

在要求，是社会主义法治坚持党的领导、人民当家作主和依法治国有机统一的立法体现，是尊重和保障人权、促进社会公平正义在立法工作中的集中反映。其内涵可从以下三点来理解：

一是立法应当体现人民意志。我国《宪法》第2条第1款规定："中华人民共和国的一切权力属于人民。"国家活动的根本任务之一，就是确认和保障人民的民主权利和管理国家的权力。在实施途径上，要坚持全心全意为人民服务，发挥人民代表大会的显著制度优势；在核心内容上，充分体现人民的意志，更好维护人民的利益、显著增进人民福祉；在法律程序上，坚持立法公开，健全民意征集和采纳机制，不断发展全过程人民民主，保障人民通过多种途径参与立法活动。

二是立法应当坚持群众路线。立法发扬社会主义民主，是我们党的群众路线在新时代的体现和发展。只有实行坚持群众路线的民主立法，才有可能做到科学正确，才有可能确实反映广大人民群众的最大利益和共同意志。首先，立法活动应当实行高度民主基础上的集中，即立法不是反映人民的所有意志，而是反映经过选择的有必要提升为国家意志的人民共同意志。其次，坚持群众路线并不等于实行"群众立法"。立法是国家对公共生活秩序规则的规范确认，属于国家机关的专有活动，必须由享有立法权的国家机关按照法定程序进行，而不能采取所谓"大民主"方式的讨论和表决。最后，民主立法自始至终都建立在少数人对多数人的意见和法定程序的服从的前提之下，从而有助于体现国家整体利益。

三是应当坚持开门立法。人民群众不是法律、法规、规章的被动接受者，而是立法真正的主人翁和积极参与者。立法工作要保障人民群众通过多种途径参与立法活动，倾听群众的意见。人民参与立法活动的基本途径有两种：第一种是间接参与立法活动，即通过人民自己选举出的人大代表反映人民对立法的意见，表达自己的意志。第二种是直接参与立法活动，即通过参加有关立法的调查会、讨论会，或通过报刊、网络等媒体，以及各种社会组织，直接发表立法意见。实践中，各个立法主体在立法前，都要充分发扬民主，采取书面发函及举办座谈会、论证会、听证会等多种形式，开展立法调研论证，确定立法项目；立法中，法律草案要向社会公布、广泛征求公众意见，求取各方利益的"最大公约数"，充分协商，集思广益；立法后，对立法质量和实效要进行评估，对相关问题及时修正。近年来，立法机构设立了许多基层立法联系点，方便老百姓主动参与立法，极大提升了群众对法治建设的认同感和满意度。

依法立法的基本要求是依宪依法立法，依照法定的权限和程序，从国家整体利益出发，维护中国特色社会主义法治的统一、尊严、权威。其核心在于依法严格进行授权立法，防范化解部门利益和地方保护主义法律化和越权立法、重复立法、法出多门等问题。可从以下三点来理解：一是立法应当符合宪法的规定、原则和精神。2023 年《立法法》修正，将"遵循宪法的基本原则"扩张为"符合宪法的规定、原则和精神",丰富了依法立法原则的内涵,拓展了对立法进行合宪性审查的解释空间。依宪立法就是要维护宪法作为根本法的法律权威,一切法律法规的制定都必须以宪法为依据。宪法规定了国家根本制度和根本任务,凡是必须由制定、修改和解释宪法才能有效完成的立法任务,都不能简单地通过制定法律法规的方式来虚化宪法所具有的制度功能。二是立法应当依照法定的权限和程序。立法权限法定指立法的提案权、审议权、表决权、公布权、监督权的获得和行使都要由法律明确规定。一切立法活动都应当有一定的程序,而且这类程序必须由法律加以明确规定。确立完善的立法程序有助于民众参与立法过程,增加立法的民主性。三是立法应当从国家整体利益出发。为维护国家的法治统一和尊严,立法者应从国家整体利益出发,对各种利益关系进行科学合理的调整。社会主义立法对利益的调整,必须从国家的整体利益也即人民的共同意志和根本利益出发。这样并不是取消局部利益和眼前利益,也并不影响地方立法反映地方的实际情况和需要、充分发挥地方立法的积极性,而且还有利于协调好整体利益与局部利益、眼前利益的关系,做到主次有序兼顾各方面各种利益。

(二) 完善工作机制

第一,坚持问题导向和实践引领,从各方面推进科学立法、民主立法、依法立法。完善科学立法,就要深刻把握中国式现代化的时代任务和基本国情，不断优化立法职权配置，通过立改废释纂和法律清理等多种形式，健全立法规划计划、调研起草、论证协调、审议表决机制，增强立法的系统性、整体性、协同性、时效性。完善民主立法，就要进一步发扬全过程人民民主理念，充分听取各方面意见，扩大公众有序参与，切实做到良法善治，制定颁布人民满意的良法。完善依法立法，就要使每一项立法都符合宪法规定和精神，加大备案审查力度，对日益增多的授权立法设置严格约束，防止部门和地方利益的法律化等。

第二，发挥人大主导立法的作用，完善立法协调机制。立法协调泛指立法机关就法案所涉问题，组织有关国家机关或单位、个人进行会商协调，达成共识并作出决定的活动。习近平总书记强调指出："在整个改革过程中，都要高度重视运用法治思维和法治方式，发挥法治的引领和推动作用，加强对相关立法工作的协调，确保在法治轨道上推进改革。"①一部法案从立项、起草、调研到审议、修改、表决通过乃至实施等多个环节，都需要各相关方面的共同参与和配合，也不可避免地会受到各方面利益的影响，需要在立法中综合平衡、求同存异、达成共识。完善立法协调机制，关键是发挥好党对立法协调的领导核心作用、人大在立法协调中的主导作用、政府在立法协调中的依托作用、社会公众在立法协调中的参与作用、制度在立法协调中的规范作用、立法专门队

① 中共中央文献研究室. 习近平关于全面依法治国论述摘编. 北京：中央文献出版社，2015：46.

伍在立法协调中的专业作用。

第三，严格规范立法权限和立法活动，完善立法论证咨询评估机制。立法论证是立法主体对立法的制度设计、内容安排、结构安排和规范形式等事项予以理论证成的过程，对增强立法科学性、保证立法质效至关重要。其在内容上包括立法规划（计划）、项目、内容、形式论证等；方法上包括历史、逻辑、实践论证等，还有专题论证和综合论证。立法咨询是科研机构或专家学者对法律法规的起草、审议、修改、清理及立法监督工作等提供意见建议。立法评估是相关主体根据一定的标准和方法，对立法行为或立法效果开展评价的活动。立法评估必须秉持客观、公开、独立、中立、科学、民主原则，发现法律实施过程中的问题并及时加以解决。《立法法》有三个条款涉及"立法评估"，形成了比较完整的立法评估体系。

第四，完善科学立法、民主立法、依法立法的智能化立法信息技术支撑机制。在传统的立法模式下，公众被动地接受法律，提出的意见极少被采纳，无法参与到立法活动中，公众智慧也无法得到有效展现。大数据时代，立法机关应当将公众当成"合作伙伴"，扩大立法参与渠道，调动公众参与立法的积极性和主动性，使之由象征性参与向实质性参与转变。当前我国各类立法需求都很旺盛，网络时代下的立法意见来源十分复杂，可以借助数据深度学习手段和网络爬虫技术，将网络上各个方面、各个领域产生的立法相关数据信息收集整合起来，深入应用生成式人工智能技术，以此极大提高立法效率和质量。在建立智能化立法信息数据库的基础上，再采取法学和相关领域专家辅助判断立法条件和立法规划方案调研，从而形成包括立法需求充分收集、立法意见精准识别、立法规划科学制定、立法资源合理配置等信息技术支撑体系，为科学立法、民主立法、依法立法提供助力。

第四章 ···

新时代法治政府建设与依法行政

4

新时代法治政府建设
与依法行政

一个公民在其一生中可能遇不到司法诉讼案件，与法院和检察院没有交集，但大到出生死亡，小到办事盖章，都无法避免与行政机关打交道。法治条件下，依法行政是国家和社会治理的根本要求。大力推进依法行政、加快建设法治政府，是建设社会主义法治国家，提高国家治理和社会管理的法治化水平的关键措施；是全面从严治党，加强和改进党的领导的重要保障；是全面深化改革，全面建设社会主义现代化国家的必然要求；是规范和约束公权力，尊重和保障人权的根本措施；是弘扬社会主义法治精神，推进法治社会建设的本质要求；是提升我国国家形象，切实维护国家利益的基本途径。

国务院分别于 2004 年、2010 年发布了《全面推进依法行政实施纲要》和《关于加强法治政府建设的意见》。2021 年，中共中央、国务院印发了《法治政府建设实施纲要（2021—2025 年)》，确立了五年法治政府建设的总体目标，明确到 2025 年，政府行为要全面纳入法治轨道。纲要还提出，着力实现行政执法水平普遍提升，努力让人民群众在每一个执法行为中都能看到风清气正、从每一项执法决定中都能感受到公平正义。在此基础上，党的二十大报告明确指出，"法治政府建设是全面依法治国的重点任务和主体工程"，要求"扎实推进依法行政"，为新征程上的法治政府建设指明了方向。

一、法治政府的建设举措

（一）法治政府的基本要求

法治政府，不同于传统的统治型政府、管制型政府及其组织形态和功能职责体系，是指在全面推进依法治国和国家现代化转型的历史维度下，所要建设的职能科学、权责法定、执法严明、公开公正、智能高效、廉洁诚信、人民满意的法治政府。

第一，法治政府是有限有为的政府。法治政府的权力有限，不得滥用，这是"职权法定"原则的要求。法治政府要求每个行政机关在行使权力时，都按照法定的、有限的权力去履行职责、行使权力，不能超过这个授权范围。突破了这个范围，不是越权无效就是无权限，就要承担相应的法律责任。传统的"父权主义政府""全能政府"听起来不错，但也容易去做许多不该干、干不了也干不好的事情，造成一系列遗留问题。我国制定的《行政处罚法》《行政许可法》《行政强制法》等都是通过立法的形式，授予行政机关某种权力，并加以规范和约束，保证其既有权力不被滥用。在简政放权的同时，法治政府又要充分作为，大胆创新，根据人民群众的需求和社会公益制定公共政策和提供公共产品，切实履行好经济调节、市场监管、社会管理和社会服务等职能。在大力发展社会主义市场经济的过程中，要厘清政府与社会以及社会组织的关系，转变政府职能，确保政府机构设置简约、运行机制完善、经济调节有力、市场监管有方、社会管理有序、公共服务全面；坚持以人为本，切实保障和改善民生，加强基层自治的能力建设，加强思想道德文化建设，激活社会自治功能，建立与社会主义市场经济体制相适应的社会体系，打造共建共治共享的社会治理格局。

第二，法治政府是透明廉洁的政府。习近平总书记指出："要强化公开，推行地方各级政府及其工作部门权力清单制度，依法公开权力运行流程，让权力在阳光下运行，让广大干部群众在公开中监督，保证权力正确行使。"① 透明政府是指政府管理过程中的信息公开，行政法律政策、行政主体、行政程序和办事效果的公开透明。政府制定的法律和政策及时为公众知晓，可以减少政府与服务对象之间的信息不对称，公众能够有效地参政议政，表达自己的愿望和要求，并对政府危机管理过程进行有效监督，降低政府公职人员渎职腐败的可能性；行政主体公开透明，便于行政相对人顺利找到主管部门，提高政府机关办事效率；行政程序公开透明，使行政决策和决定更具有确定力、执行力和约束力；在行政机关具有一定行政裁量权的情况下，公开办事结果，便于"同案同判"，真正实现公平正义。2019 年，《政府信息公开条例》修订，我国在促进和规范政府信息公开，保障公民知情权方面又迈出重要一步。廉洁是人民群众对政府的永恒期待。应当扎实推进行政决策公开、执行公开、管理公开、服务公开和结果公开，让人民群众更好地了解政府、支持政府、监督政府。同时，要完善政务诚信约束和失信惩戒机制，建立健全制度化的问责机制，加大督促检查和抓落实力度，提高政府执行力，认真治理庸政、懒政、怠政等突出问题。此外，所有公务员都要坚持人民利益至上，廉洁奉公，勤勉尽责，真正当好人民公

---

① 中共中央文献研究室．习近平关于全面依法治国论述摘编．北京：中央文献出版社，2015：60．

仆。最后，要深入推进反腐倡廉制度建设，坚决查处腐败案件，对任何腐败分子都要依法严惩、决不姑息。

第三，法治政府是诚信负责的政府。个人要诚信，组织要诚信，政府更要诚信。诚信负责是政府维系公信力的基础，是执政党持续执政的根基，也是法治政府的应有之义。法治政府是诚信政府，也是责任政府。没有诚信的政府将陷入政府公信力的"塔西佗陷阱"，最终危及社会稳定和国家安全。一般来说，行政机关的所有行为都代表国家，应该言出必行，行必有果。而由于客观情况和社会形势发生变化，相关法律法规要随之修改或废止，方针政策也会有所调整，政府有时不得不改变或撤回某些决定，但由此给行政相对人造成的利益损失就需要政府按照诚信原则承担相应责任。普通人违法办事都要受惩罚，如果政府不讲诚信、不按规矩办事，就很难说是一个真正意义上的法治政府。因此，政府依法行政，必须有诚意、讲诚信、负责任。

第四，法治政府是便民高效的政府。便民高效政府的本质就是服务型政府，其内涵在于：其一，以人为本，把全心全意为人民服务作为根本使命，这也是社会主义制度的本质要求。建设服务型政府，要求政府由管制型向服务型转变，由政府本位、官本位转向社会本位、公民本位。相对弱化政府对市场的行政干预，将政府的职能和注意力转移到公共政策的制定和为市场主体创造平等竞争环境和提供服务，以及为人的生存和发展创造良好、和谐、可持续的环境和服务上来。其二，以提供公共产品和公共服务为主要任务。政府履职尽责的核心就是代表公众利益为社会提供公共政策，维护经济社会秩序，提供医疗、教育、卫生、社会保障、环境保护等各方面的服务和保障。其三，人民群众主动参与、便民高效。自《行政许可法》修改以来，政府在方便人民群众方面做了很多努力。比如地方政府建立了一站式服务大厅、"市民之家"、政务超市，很多部门也建立了类似的"一个窗口对外"、一次性告知制度、限时办结许可事项等。采取这些举措有助于改变某些政府部门门难进、脸难看、话难讲、事难办的官僚主义形象和作风，有助于降低老百姓和政府打交道的成本，促进政府部门减员增效。

由此可见，法治政府建设基本特征的各个方面都贯彻了为人民服务的宗旨。由于行政事务与每个人的生活息息相关，需要建立一套高效的行政管理体制，而行政机关的体制建设更需要于法有据，做到权责明确而非相互推诿。

（二）法治政府的建设目标

党的二十大报告指出："转变政府职能，优化政府职责体系和组织结构，推进机构、职能、权限、程序、责任法定化，提高行政效率和公信力。"从学理上分析法治政府的建设目标，主要有两个方面：

第一，严格"控权"，建设服务人民、权力可控的政府。相较于立法权和司法权，行政权具有直接性、主动性、广泛性、单方性、扩张性等特点，因此，控制好行政权力，使政府依法行政，保护公民权利实现是法治建设的核心内容。现代社会，人民控制自己的政府的主要方式：一是法律约束。政府行为的合法性主要包括目的合法、机构合法、职权合法、程序合法。法定职责必须为，法无授权不可为。二是信用约束。诚信原则既是政府职能实现的保障，也是民众约束政府的重要制度。失信于民，政府就会丧失权威和公信力。三是程序约束。严格遵守法定程序、法定规则、法定时限等，确保行政相对人的程序性权利，涉及听证、回避、信息公开、征求意见、不单方接触、说明理由、阅卷等制度。四是参与约束。扩大社会自治和扩大公众行政参与，建构与公众参与相适应的信息公开制度、适度的公共参与权制度、公共参与评价制度、公众参与救济制度、社会组织参与社会管理制度等。五是责任约束。完善行政监督制度，强化对行政行为的监督，构建有效的重大行政决策责任追究机制。

第二，认真"履职"，建设合理行政、依法履职的政府。政府要履行好自身职责，必须满足以下原则[①]：一是合理行政。政府行为不仅要符合法律规定，而且要把握好分寸，符合公平、正义和善政的理念。习近平总书记指出，"各级政府一定要严格依法行政，切实履行职责，该管的事一定要管好、管到位，该放的权一定要放足、放到位，坚决克服政府职能错位、越位、缺位现象"[②]，让政府有作为、不出界。二是公

---

① 建设符合法治规律的法治政府．http：//npc. people. com. cn/n/2015/0109/c14576－26353543. html.

② 中共中央文献研究室．习近平关于全面依法治国论述摘编．北京：中央文献出版社，2015：60.

益优先。公共利益实际上就是社会最大公约数，要注重短期利益和长远利益的平衡、局部利益和整体利益的兼顾。三是保护弱势。兼顾结果平等和机会平等。政府在制定和实施公平的市场规则，充分调动社会活力的同时，还要能够为社会托底，积极采取措施保护弱势群体的权益。最低生活保障制度、社会救助制度、社会福利制度、住房保障制度、医疗保障制度和其他民生制度，都体现了保护弱势的原则。四是廉洁高效。建设积极负责、公开透明、廉洁高效、监督有力的行政体制，实现行政立法与行政决策的民主化、科学化，理顺行政执法体制、规范执法程序，推行审批制度改革，提高行政管理的效能。

二、法治政府的建设任务

党的十八大以来，以习近平同志为核心的党中央把依法行政、建设法治政府作为全面推进依法治国各项工作的"重心"来抓，旨在通过"依法行政"，保证"严格执法"，促进"依法治国"，并把建成法治政府作为"法治国家"的最重要的阶段性目标。为深入推进依法行政，加快建设法治政府，如期实现法治政府基本建成的奋斗目标，结合法治政府建设实际，我国分别发布了《法治政府建设实施纲要（2015—2020年)》《法治政府建设实施纲要（2021—2025年)》等文件，这些文件为法治政府的发展、推进国家治理体系和治理能力现代化提供了重要支撑，明确了法治政府建设的基本任务和阶段性分解工作。

(一) 党的十八大以来重要文件和《法治政府建设实施纲要（2015—2020 年）》的任务设定

1993 年，国务院政府工作报告中首次提出"依法行政"概念，要求"各级政府都要依法行政，严格依法办事"。2004年，十届全国人大二次会议将"建设法治政府"确定为新一届政府的施政目标，同年国务院印发《全面推进依法行政实施纲要》，这是我国第一次明确提出法治政府建设目标。国务院于 2008 年和 2010 年先后颁布了《关于加强市县政府依法行政的决定》和《关于加强法治政府建设的意见》，明确了要将法治政府建设落实到全国各级政府的改革目标中。

没有法治政府的基本建成，就难以保障社会公正、促进社会和谐，使人民群众生活得更加幸福、更有尊严。党的十八大明确了建成法治政府的时间表，即在 2020 年基本实现法治政府建设，达成法治政府建设的基本目标。2013 年，党的十八届三中全会通过的《中共中央关于全面深化改革若干重大问题的决定》将"建立科学的法治建设指标体系和考核标准"作为推进依法行政与法治政府建设的重要举措。2015 年，党的十八届五中全会重申了建成法治政府的目标要求。同年，中共中央、国务院印发《法治政府建设实施纲要（2015—2020 年)》，为 2020 年基本建成法治政府确定了明确的路线图和施工图。其中规定：经过坚持不懈的努力，到 2020 年基本建成职能科学、权责法定、执法严明、公开公正、廉洁高效、守法诚信的法治政府。与此同时，该实施纲要还提出了法治政府的"衡量标准"，即：政府职能依法全面履行，依法行政制度体系完备，行政决策科学民主合法，宪法法律严格公正实施，行政权力规范透明运行，人民权益切实有效保障，依法行政能力普遍提高。由此可见，以"法治政府"建设为政策抓手，带动的不只是"严格执法"，还推动了国家行政机关在全面推进依法治国过程中的整体性法治能力和水平的提升和进步。

制定《法治政府建设实施纲要（2015—2020 年）》，确保到 2020 年法治政府基本建成，是全面贯彻落实党的十八大和十八届二中、三中、四中、五中全会精神的重大举措，对于全面推进依法治国、推进国家治理体系和治理能力现代化、实现全面建成小康社会的奋斗目标，具有十分重大的意义。总体而言，该实施纲要关于基本建成法治政府的思路体现在三大观念转变上：第一，法治政府建设并非单纯的政府任务，而是全党全社会的重任；第二，法治政府建设并非封闭式的状态，而是开放式的结构；第三，法治政府建设并非抽象的存在，而是可测评的事业。实施纲要关于基本建成法治政府的重点工作集中在三大行动方向上：第一，行政疆域的廓清。法治政府的首要之义就是"有限政府"，精准定位行政权的核心功能、科学厘清行政权的运行边界应当继续成为法治政府建设的主攻方向。第二，合法最佳的统合。法治政府的二重要义就是"有为政府"，有效实施法律规范、理性运用行政权力是法治政府建设的重要方向。第三，内外结合的监控。法治政府的三重要义就是"有责政府"，强化行政权力监督制约、严格依法追究行政责任是法治政府建设的努力方向。实施纲要关于基本建成法治政府的组织根基聚焦在三大新措施上：第一，党政主要负责人是法治政府建设第一责任人；第二，法治政府建设年度报告；第三，法治政府示范创建活动①。

随着《法治政府建设实施纲要（2015—2020年）》的颁布实施，2017年，党的十九大再次肯定"法治政府"的建设目标，并结合"两步走"战略提出到2035年基本建成法治国家、法治政府、法治社会。2020年10月，党的十九届五中全会审议通过了《中共中央关于制定国民经济和社会发展第十四个五年规划和二〇三五年远景目标的建议》，作出社会主义现代化强国"两步走"的战略安排：第一个阶段，从2020年到2035年，在全面建成小康社会的基础上，再奋斗15年，基本实现社会主义现代化；第二个阶段，从2035年到本世纪中叶，在基本实现现代化的基础上，再奋斗15年，把我国建成富强民主文明和谐美丽的社会主义现代化强国。这其中，法治政府建设无疑是极其关键的重点工作。

（二）《法治政府建设实施纲要（2021—2025年）》的重要指引

我国三个阶段的法治政府建设实施纲要就是中国特色社会主义法治政府之路的基本浓缩和生动呈现。作为新时代法

---

①　章志远.法治政府建设的三重根基：《法治政府建设实施纲要（2015—2020年）》精神解读.法治研究，2016（2）：3-9.

治政府建设的 3.0 版本的纲领性文件,《法治政府建设实施纲要(2021—2025 年)》立足实践、亮点频出,不仅对继续推进"放管服"改革、优化法治化营商环境予以了关注,也对"健全突发事件应对体系,依法预防处置重大突发事件"提出了要求。此外,新实施纲要还要求坚持运用互联网、大数据、人工智能等技术手段促进依法行政,着力实现政府治理信息化与法治化深度融合,优化革新政府治理流程和方式,大力提升法治政府建设数字化水平。

新实施纲要有 2/3 的创新篇幅区别于前一个五年纲要,内容广泛、重点突出、系统性强,所确定的主要任务大致体现在以下九方面:

第一,在健全政府机构职能体系,推动更好发挥政府作用方面,要求推进政府机构职能优化协同高效,深入推进"放管服"改革,持续优化法治化营商环境。政府除了行使管理职能之外,包括招商引资,各类开发区、工业园区、自贸区建设,行政区划调整,科技创新驱动等在内的发展职能也十分重要。对此,新实施纲要在立法板块里提到修改国务院组织法和地方各级人民政府组织法,以此解决政府如何获取资源、如何配置资源、如何使用资源的规范化问题,可谓抓住了法治政府建设的"牛鼻子"。

第二,在健全依法行政制度体系,加快推进政府治理规范化程序化法治化方面,要求构建起与国家、自治区相配套的政策法规体系,加强重要领域立法,完善立法工作机制,高效运用立法基层联系点、立法协商、立法征求人大代表意见制度等科学民主立法模式，同时加强行政规范性文件制定监督管理。

第三，在健全行政决策制度体系，不断提升行政决策公信力和执行力方面，强化依法决策意识、严格落实重大行政决策程序，组织部门制定并公布重大行政决策事项目录。党政领导和有关部门要强化依法决策意识，从实际出发，发扬民主，严格遵循法定权限和程序作出决策，使决策的内容合乎法律规定。行政机关主要负责人要严格按照法定权限和相关程序作出决策。重大决策作出前，应当认真听取合法性审查机构的意见。特别要听取政府外聘法律顾问、公职律师和相关专家学者的意见。还要实行每年公布一次的重要行政决策事项清单制度，采取听证会等方式，征求社会公众对重大公共政策、措施和重大公共建设项目的意见，并对其进行全面的风险评估，同时制定并完善决策程序及资料档案制度。

第四，在健全行政执法工作体系，全面推进严格规范公正文明执法方面，深化行政执法体制改革，加大重点领域执法力度，完善行政执法程序，创新行政执法方式。新实施纲要规定着眼提高人民群众满意度，着力实现行政执法水平普遍提升，努力让人民群众在每一个执法行为中都能看到风清气正、从每一项执法决定中都能感受到公平正义。针对基层执法存在的诸多问题，新实施纲要提出深化综合执法行政执法体制改革，坚持省（自治区）原则上不设行政执法队伍，设区市与市辖区原则上只设一个行政执法层级，县（市、区、旗）一般实行"局队合一"体制，乡镇（街道）逐步实现

"一支队伍管执法"的改革原则和要求；建立完善严重违法惩罚性赔偿和巨额罚款制度、终身禁入机制；广泛运用说服教育、劝导示范、警示告诫、指导约谈等方式，做到宽严相济。这些措施对解决执法体制问题都具有很强的针对性。

第五，在健全突发事件应对体系，依法预防处置重大突发事件方面，要求完善突发事件应对制度，提高突发事件依法处置能力，引导、规范基层组织和社会力量参与突发事件应对。这样的法治政府建设既涉及常态下法治政府建设，同时又要求形成风险规制的行政法治体系，实际上建构了某种"平战"结合的二元法治模式。

第六，在健全社会矛盾纠纷行政预防调处化解体系，不断促进社会公平正义方面，加强行政调解工作，有序推进行政裁决工作，发挥行政复议化解行政争议主渠道作用，加强和规范行政应诉工作。这就意味着要充分利用行政权的优势，探索相对集中预防和化解争议的法治体系，建立法治轨道上打官司的"最多访一地"，将行政机关化解争议的机制进行充分整合，形成统一的行政司法体系，切实发挥行政权实质性化解争议的优势，实现诉源治理，解决法治轨道上维权进而解决维稳问题。

第七，在健全行政权力制约和监督体系，促进行政权力规范透明运行方面，要解决好对行政权力监督的全覆盖和无缝隙，打造大监督体系的法治格局，形成监督合力，加强和规范政府督查工作，加强对行政执法制约和监督，全面主动落实政务公开，加快推进政务诚信建设，注重激励容错与科学问责的法治保障。

第八，在健全法治政府建设科技保障体系，全面建设数字法治政府方面，要求加快推进信息化平台建设，加快推进政务数据有序共享，深入推进"互联网＋"监管执法，这不仅是认识深化、社会发展、科技进步的必然要求，也是政府治理现代化、精细化、中国化的题中应有之义。全面建设数字法治政府是新实施纲要提出的八大体系之一，"智能高效"也是法治政府建设的七大目标之一，新实施纲要其他部分任务的实现也很大程度上建立在数字化的基础之上。这一目标的实现，不但需要依托信息化数字化提高行政效率，而且需要将基于信息技术的数字政府与法治政府建设充分地结合起来，并且以法律的方式确定下来。以行政高效为重要目标和以智能化为核心的数字化，不但为我国政府法治化注入了新的现代化要素，也为我国行政法制度体系的更新提出了新的时代使命。依据新实施纲要的规定，当前数字法治政府的建设主要从以下几个方面入手：一是政府的数字化平台和政务数据管理。法治方面的制度建设分别涉及平台的法律属性、平台设立和运行中的政企合作和责任归属，政务数据的收集、储存、加工、行政集中和社会分享等方面。二是政府履职中的数字化内容，包括利用数字技术提供高效的政务服务，尤其一站式和跨省跨域的政务服务，以及政府对"互联网＋"领域秩序的维护和有效的行政监管。更高级的数字法治政府建设，将是在行政组织重构、智能化行政决策和向公共服务领域的扩展。

第九，在加强党的领导，完善法治政府建设推进机制方面，加强党对法治政府建设的领导，完善法治政府建设推进机制，全面加强依法行政能力建设，加强理论研究和舆论宣传。这也为行政法的主体理论，包括权责统一理论、首长负责制理论，以及被告、被申请人等诉讼、复议的定位问题，带来巨大挑战和机遇。完善法治政府推进机制，需要坚持"立足全局、着眼长远、补齐短板、开拓进取"，实现法治政府建设全面突破。

（三）党的二十大报告的创新表述

法治政府建设，是全面依法治国的重要任务和主体工程，也是全面深化改革和全面建设社会主义现代化国家的关键环节。党的二十大报告对新时代法治政府建设提出新的更高要求："转变政府职能，优化政府职责体系和组织结构，推进机构、职能、权限、程序、责任法定化，提高行政效率和公信力。深化事业单位改革。深化行政执法体制改革，全面推进严格规范公正文明执法，加大关系群众切身利益的重点领域执法力度，完善行政执法程序，健全行政裁量基准。强化行政执法监督机制和能力建设，严格落实行政执法责任制和责任追究制度。完善基层综合执法体制机制。"[①] 具体而言，党的二十大报告的创新论述主要体现在以下两方面：

一是坚持科学决策、民主决策、依法决策，全面落实重

---

① 习近平. 高举中国特色社会主义伟大旗帜 为全面建设社会主义现代化国家而团结奋斗：在中国共产党第二十次全国代表大会上的报告. 北京：人民出版社，2022：41.

大决策程序制度。这是涉及党依法执政和政府依法行政的重要问题。党的十八届四中全会通过的《中共中央关于全面推进依法治国若干重大问题的决定》强调："加强党对立法工作的领导，完善党对立法工作中重大问题决策的程序。凡立法涉及重大体制和重大政策调整的，必须报党中央讨论决定。党中央向全国人大提出宪法修改建议，依照宪法规定的程序进行宪法修改。"《法治政府建设实施纲要（2021—2025年）》强调要"健全行政决策制度体系，不断提升行政决策公信力和执行力"，提出"坚持科学决策、民主决策、依法决策，着力实现行政决策程序规定严格落实、决策质量和效率显著提高，切实避免因决策失误产生矛盾纠纷、引发社会风险、造成重大损失"，并分别从"强化依法决策意识""严格落实重大行政决策程序""加强行政决策执行和评估"等方面进行细化实施。党的二十大报告作了提纲挈领的概括，要求"坚持科学决策、民主决策、依法决策，全面落实重大决策程序制度"，并将这些要求拓宽到法治建设的各领域、各环节。删去了"行政"二字，意味着这个问题不限于行政工作，在党委领导和立法、司法等领域照样存在决策问题，同样适用。

二是扎实推进依法行政。在所有的国家机关中，与群众关系最密切的是各级人民政府，国家的法律法规也需要各级政府来实施。政府的决策与执法活动是否符合法治精神和法治原则，不仅关系到法治国家依法治国能否建成，更关系到社会的稳定和人民的幸福。因此，必须牢牢抓住这个关键，在规范政府权力的行使、防止权力滥用、明确权力价值取向上作出全面的法治安排，并确保有效落实。从这个意义上说，"法治政府建设是全面依法治国的重点任务和主体工程"，必须"扎实推进依法行政"①。

（四）全国法治政府建设示范创建

在党的纲领性文件中，将法治政府建设与考评体系联系起来，以微观手段驱动宏观目标实现的要求符合管理科学原理，契合了 20 世纪 80 年代以来在全球兴起的以"评估国家"来代替"管制国家"的改革浪潮，是中国版的法治政府建设方略②。

2013 年 11 月，党的十八届三中全会审议通过的《中共中央关于全面深化改革若干重大问题的决定》指出：建设法治中国，必须坚持依法治国、依法执政、依法行政共同推进，坚持法治国家、法治政府、法治社会一体建设，强调"建立科学的法治建设指标体系和考核标准"。这意味着"法治中国建设"已成为新时代法治建设的新目标和总要求，也为"建立科学的法治建设指标体系和考核标准"指明了方向。

2015 年，中共中央、国务院颁布《法治政府建设实施纲要（2015—2020 年）》，旨在深入推进依法行政、加快建设法治政府、如期实现法治政府基本建成的奋斗目标，为相应的

---

① 冯玉军. 习近平法治思想与实践创新：兼论党的二十大报告关于法治建设的重大创新论述. 现代法学，2023（3）：12.

② 郑方辉，尚虎平. 中国法治政府建设进程中的政府绩效评价. 中国社会科学，2016（1）：117-118.

评估提出了相应的要求，提出要"积极开展建设法治政府示范创建活动，大力培育建设法治政府先进典型"。中央全面依法治国委员会办公室（简称"中央依法治国办"）于2019年5月发布《关于开展法治政府建设示范创建活动的意见》，启动法治政府建设示范地区评估认定工作。坚持问题导向、目标导向，突出针对性、引领性、可操作性，制定了《市县法治政府建设示范指标体系（2021年版）》，包括9项一级指标、32项二级指标、100项三级指标，成为开展示范创建活动的评估标准和建设法治政府的具体指引。具体操作中，按照客观公正、公开透明、杜绝形式主义、务求实效的原则，经过省级初审、第三方评估、人民群众满意度测评、实地核查、社会公示等环节，最终报中央全面依法治国委员会批准，对第一、二批全国法治政府建设示范地区和项目予以命名。

　　《市县法治政府建设示范指标体系（2021年版）》是考核法治政府建设的"指挥棒"，进而通过对中国政府治理现代化下市县层级政府的"权力设定""权力运行""权力效果"为法治政府建设的评估主线，对政府运作的权力实现全过程进行分析、评价与引导。中国语境下的市县法治政府建设评估体现了中国特色社会主义法治道路的实践智慧，它不同于"世界法治指数"针对不同国家，评估中主体中立、评估对象独立、指标体系普适、数据来源独立的西方自由主义法治的理论预设，是体现中国法治建设实际要求，符合中国国情的法治评估体系。

三、党的十八大以来法治政府的建设实践

党的十八大以来，以习近平同志为核心的党中央高度重视法治政府建设，我国法治政府建设各项工作全面提速、有力推进，取得重大进展。

在目标设定上，《法治政府建设实施纲要（2021—2025年)》明确提出，"全面建设职能科学、权责法定、执法严明、公开公正、智能高效、廉洁诚信、人民满意的法治政府"。与2015年的《法治政府建设实施纲要（2015—2020年)》相比，此次的实施纲要进一步突出对建设数字法治政府和提高人民群众满意度的要求。建设数字法治政府，意味着在数字时代背景下，推进对机构、职能、流程等进行再造的法治化进程，有助于进一步消除"数据孤岛""算法滥用"等现象。各级政府承担着推动经济社会发展、管理社会事务、服务人民群众的重要职责，建设法治政府是建设法治中国的基本要求，是推进国家治理体系和治理能力现代化的重要抓手。只有坚持以人民为中心，着力解决人民群众关心的重点问题，根据新情况、新问题推出新举措，不断增强人民群众对法治政府建设的获得感、满意度，才能更好地推动法治政府建设率先突破、创新发展。

第一，加快转变政府职能。习近平总书记强调，法治政

府建设是重点任务和主体工程，要率先突破，用法治给行政权力定规矩、划界限，规范行政决策程序，加快转变政府职能。落实这一重要要求，必须加强党的领导，完善法治政府建设推进机制。要优化政府职责体系和组织结构，推进政府机构、职能、权限、程序、责任法定化，提高行政效率和公信力。要用法治来规范政府和市场的边界，遏制一些政府部门不当干预经济的惯性和冲动，解决好职能越位、缺位、错位的问题，坚决消除权力设租寻租的空间。要加强对政府内部权力的制约，推进各级政府事权规范化、法制化，分事行权、分岗设权、分级授权，全面推进政务公开。要深化事业单位改革，坚持优化协调高效，改革机构设置、职能配置，实现整体性重塑。近年来，各地在推广减证便民、推进跨省通办、实现"最多跑一次"等方面不断推出创新举措。持续开展"减证便民"。印发《司法部关于进一步做好证明事项清理相关工作的通知》和《开展证明事项告知承诺制试点工作方案》，督促指导各地方各部门继续取消证明事项，切实解决人民群众反映强烈的办事难、办事慢、办事繁等问题。截至2019年4月底，各地方各部门共取消证明事项13万多项，其中各地区取消地方性法规设定的证明事项400多项、地方政府规章和规范性文件设定的11万多项、无依据的500多项，各部门取消部门规章和规范性文件设定的证明事项1 100多项①。

①　司法部启动告知承诺试点 踏上便民新征程. https：//www. moj. gov. cn/pub/sfbgwapp/bnywapp/202105/t20210527_422812. html.

第二，深化行政执法体制改革。要严格执法资质，完善行政执法人员持证上岗和资格管理制度，提高行政执法能力水平。加大关系群众切身利益的重点领域执法力度，在环境保护、食品安全、劳动保障等领域严格执法，强化行政执法与刑事司法有机衔接，强化法律威慑力。完善行政执法程序，健全执法全过程记录制度，明确具体操作流程，严格执行重大执法决定法制审核制度。健全行政裁量基准，细化量化行政裁量标准，规范裁量范围、种类和幅度，为执法活动提供明确依据。

第三，强化行政执法监督机制和能力建设。要加强对执法活动的制约和监督，强化督办督察，充分发挥各监督主体的作用和积极性。中央依法治国办自 2018 年成立以来，下沉一线、真督实察，以督促改、以督抓落实，有力推动了各地区各部门不断加快法治政府建设的步伐。《法治政府建设实施纲要（2021—2025 年）》提出，深入推进法治政府建设督察工作，2025 年前实现对地方各级政府督察全覆盖。各地区各部门要与实施纲要对表对标，压实责任、狠抓落实，完善监督体系，科学设定监督职责，严密监督程序，增强监督合力与实效。全面落实行政执法责任制，严格确定不同部门及机构、岗位执法人员执法责任和责任追究制度，完善纠错问责机制，构成犯罪的要依法追究刑事责任，做到有权必有责、滥权必追责。

第四，完善基层综合执法体制机制。要探索综合执法，推动在食品药品安全、工商质检、公共卫生、安全生产等领域实行跨领域跨部门综合执法，减少市县两级政府执法队伍种类，提高执法质效。理顺体制，加强城市管理综合执法机构建设，完善管理和协调机制，提高执法和服务水平。加强协调，建立健全执法队伍主管部门和相关行业管理部门相互支持、密切配合、信息共享的联动机制，加强统一领导和相互协作，形成监管合力，提高整体效能。

第五，完善行政立法体制机制。2021 年，《国务院办公厅关于印发〈国务院 2021 年度立法工作计划的通知〉》指出，国务院各部门要高度重视立法工作计划的贯彻执行，加强组织领导、完善工作机制、压紧压实责任、密切沟通协调，推动行政立法工作加速、提质、增效。起草部门要提高送审稿质量，严格按照立法法、行政法规制定程序条例等的规定，做好向社会公开征求意见工作，及时上报送审稿、立法评估报告等材料，为审查、审议等工作预留合理时间。送审稿涉及其他部门的职责或者与其他部门关系紧密的，应当与有关部门充分协商，涉及部门职责分工、行政许可、财政支持、税收优惠政策的，应当征得机构编制、审改、财政、税务等相关部门同意。上报送审稿前，起草部门应当与司法部做好沟通，如实说明征求意见、协调分歧等情况。未沟通就报送送审稿的，司法部可以就是否启动审查工作向国务院提出建议。司法部要加强与起草部门的沟通，及时跟踪了解立法工作计划执行情况，加强组织协调和督促指导。有关部门报送的送审稿存在行政法规制定程序条例规定的退件情形的，司法部可以按照规定将送审稿退回起草部门重新研究。对于争议较大的立法事项，司法部要加大协调力度、提高协调层级、妥善处理分歧。经过充分协调仍不能达成一致意见的，司法部、起草部门应当及时按程序报告。

2023 年 5 月 31 日，国务院办公厅发布的《国务院 2023 年度立法工作计划》指出，要紧紧围绕党的二十大作出的重大决策部署、提出的目标任务，深入分析推进中国式现代化的立法需求，坚持突出重点、急用先行，科学合理安排立法项目，更好服务保障党和国家重大决策部署。该立法计划明确的立法项目有拟提请全国人大常委会审议的法律案（17 件）、拟审议的行政法规草案（17 件）和拟完成的其他立法项目。拟完成的其他立法项目具体包括：（1）党和国家机构改革、政府职能转变等涉及的立法项目；（2）加快国防和军队现代化建设有关立法项目；（3）党中央、国务院交办的其他立法项目。

第六，完善法治政府建设推进机制。中央依法治国办在中央全面依法治国委员会领导下开展的法治督察工作，是抓好全面依法治国各项工作，特别是党中央重大决策部署落实落地的重要手段，也是保障宪法法律实施、维护法治统一的有力抓手。中共中央办公厅、国务院办公厅印发的《法治政府建设与责任落实督察工作规定》和中央依法治国办印发的《关于开展法治政府建设示范创建活动的意见》，在中央层面建立起督察和示范创建"两手抓"的工作机制。督察重在压实主体责任，自上而下传导外部压力，示范创建重在树立标杆，自下而上激发内生动力，共同形成推进法治政府建设的有效合力。督察的具体工作包括：其一，督促加强对宪法的正确理解；其二，督促推进宪法贯彻实施；其三，扎实做好备案审查工作。法治督察坚持以人民为中心，紧密围绕人民群众反映强烈，严重影响人民群众法治获得感、幸福感、安全感的突出问题，重点关注涉及制度机制、职能边界等地方部门难以自发解决的法治痼疾，及时发现政府履职过程中依法决策、行政执法、行政收费以及执法司法乱作为、不作为等重点薄弱环节，积极开展重大法治事件督察。重大法治事件督察是《法治中国建设规划（2020—2025年）》明确的一项重要任务。通过解剖麻雀、以点带面的方式，以立足事件"小切口"、做好法治"大文章"为导向，努力让人民群众在每一项法律制度、每一个执法决定、每一宗司法案件中都感受到公平正义①。

第七，推动全国法治政府建设示范创建。创建活动已于2019年、2021年开展了两批。第一批评选出40个全国法治政府建设示范市（县、区）和24个全国法治政府建设示范项目，第二批评选出50个全国法治政府建设示范市（县、区）和59个全国法治政府建设示范项目②。全国法治政府建设示范创建活动的开展，树立了一批批新时代法治政府建设示范标杆，有效激发了各地区推进法治政府建设的内生动力，以创建促提升、以示范带发展，以点带面、辐射全国，形成了

①　司法部法治督察局. 以法治督察保障宪法实施 深入推进全面依法治国. 中国法治，2023（3）.

②　中央依法治国办部署开展第三批全国法治政府建设示范创建活动. ht-tps：//www. gov. cn/yaowen/liebiao/202306/content_6884695. htm.

法治政府建设创优争先的浓厚氛围。以第一批评选为例，全国共有 1 847 个市县政府申报参加，坚持高标准、严要求，委托第三方机构分别开展了实地评估和人民满意度测评，40 多家单位的 100 多名专家学者参与了实地评估，人民群众满意度测评共取得有效问卷 47 662 份，实际访问共接触 263 万多名群众①。2023 年 6 月，中央依法治国办部署开展第三批全国法治政府建设示范创建活动，计划经过两轮评选，于 2024 年 10 月前从全国各省份推荐的 100 多个综合示范地区和 150 多个单项示范项目中评出入选名单②。

---

① 司法部 2019 年法治政府建设年度报告 . https：//www. gov. cn/xinwen/2020－03/24/content_5494801. htm.

② 中央依法治国办部署开展第三批全国法治政府建设示范创建活动. ht-tps：//www. gov. cn/yaowen/liebiao/202306/content_6884695. htm.

Chinese Modernization

and Rule of Law in China

第五章 ···

新时代司法与法治监督

5

新时代司法与法治监督

公正司法是维护社会公平正义的最后一道防线。建设公正高效权威的社会主义司法制度，是推进国家治理体系和治理能力现代化的重要举措，也是促进社会公平正义的必然选择。"凡法事者，操持不可以不正。"（《管子》）习近平总书记指出："我们要依法公正对待人民群众的诉求，努力让人民群众在每一个司法案件中都能感受到公平正义，决不能让不公正的审判伤害人民群众感情、损害人民群众权益。"[1] 党的二十大报告指出，"公正司法是维护社会公平正义的最后一道防线"，强调要"严格公正司法"。这是在延续了党的十九大报告要求"深化司法体制综合配套改革，全面落实司法责任制，努力让人民群众在每一个司法案件中感受到公平正义"的精神基础上，采用了《法治中国建设规划（2020—2025 年）》中的相应提法，进一步明确了新征程上司法改革工作的着力方向和重点工作。

党的十八大以来，我国政法系统坚持党对政法工作的绝对领导，坚持以人民为中心，推进新时代政法领域实现历史性变革，加快建设公正、高效、权威的社会主义司法制度，为开辟"中国之治"新境界奠定了坚实基础。十多年来，"立法难""执行难"等阻碍司法公正的"拦路虎"得以破除，人民群众可以更便捷高效地维护自身利益、参与国家事务。十多年来，我国政法系统不断健全制约监督的制度机制，完善责任体系，"放权不放任"。加强检察机关法律监督，扩大人民陪审员参与审判案件的范围，畅通群众参与、拓宽监督司

---

① 中共中央文献研究室．习近平关于全面依法治国论述摘编．北京：中央文献出版社，2015：67．

法活动渠道，公开执法司法的依据、过程、结果，让正义以人民群众看得见的方式实现。

一、当代中国司法制度与司法体制改革

国家在对司法权的配置中形成了以司法机关为核心的各有关机关之间的职能划分、组织体系及相互关系，这种有机联系的整体，即通常所说的司法体制，它是国家政治体制的重要组成部分。人民法院和人民检察院是专门行使审判权和检察权的司法机关。21世纪以来，中国司法体制进行了综合配套改革。

（一）深化司法体制综合配套改革

司法制度是上层建筑的重要组成部分，推进司法体制改革是中国特色社会主义司法制度的自我完善和发展。既要遵循司法活动权责统一、权力制约、公开公正、尊重程序等客观规律，也必须与一个国家的根本政治制度、基本政治制度和经济社会发展水平相适应。在我国归根结底就是要有利于维护人民根本利益和社会公平公正，实现党和国家长治久安。近年来，司法公信力不高的问题还一定程度存在，人民群众对司法不公、司法腐败、冤假错案问题反映强烈。这些问题的产生，有司法观念陈旧、司法人员素质不高等方面的原因，但深层次的原因在于司法体制机制不健全。因此，解决这些问题的根本出路，在于深化司法体制改革。

2015 年，习近平在中共中央政治局第二十一次集体学习时强调，要坚持司法体制改革的正确政治方向，坚持以提高司法公信力为根本尺度，坚持符合国情和遵循司法规律相结合，坚持问题导向、勇于攻坚克难。"四个坚持"环环相扣，彰显了党中央对推进司法体制改革的高度重视和坚定决心，体现了司法体制改革目标、理念和方式的高度统一，为全面推进依法治国明确了重点、指出了路径。

第一，坚持司法体制改革的正确政治方向。习近平总书记指出："我们推进司法体制改革，是社会主义司法制度自我完善和发展，走的是中国特色社会主义法治道路。党的领导是社会主义法治的根本保证，坚持党的领导是我国社会主义司法制度的根本特征和政治优势。深化司法体制改革，完善司法管理体制和司法权力运行机制，必须在党的统一领导下进行，坚持和完善我国社会主义司法制度。"① 坚持党的领导，关键是坚持党对政法工作的领导，坚持党管政法干部的原则，坚持走中国特色社会主义司法改革之路，努力创造更高水平的社会主义司法文明。

第二，坚持以提高司法公信力为根本尺度。"司法体制改革必须为了人民、依靠人民、造福人民。司法体制改革成效如何，说一千道一万，要由人民来评判，归根到底要看司法公信力是不是提高了。"② 对于司法体制改革，人民群众看重

---

① 习近平. 习近平谈治国理政：第 2 卷. 北京：外文出版社，2017：131.
② 同①.

的不是出台了多少文件、建立了多少制度，而是矛盾纠纷能否得到公正的解决，合法权益能否得到有效的维护。如果司法人员待遇提高了，司法公信力却没有提高，那么人民群众不会认为改革是成功的。习近平总书记指出："深化司法体制改革，一个重要目的是提高司法公信力，……要从确保依法独立公正行使审判权检察权、健全司法权力运行机制、完善人权司法保障制度三个方面，着力解决影响司法公正、制约司法能力的深层次问题，破解体制性、机制性、保障性障碍。"①

第三，坚持符合国情和遵循司法规律相结合。深化司法体制改革，必须从社会主义初级阶段的基本国情出发，既认真借鉴人类法治文明的有益成果，又不照抄照搬外国的司法制度，既勇于改革创新，又不超越经济社会发展阶段盲目冒进。司法活动有其固有的规律性，只有正确认识、把握和遵循司法规律，才能实现预期的改革目标。深化司法体制改革，必须坚持从司法规律出发设计改革方案，善于运用司法规律破解改革难题，确保改革成果经得起历史和实践的检验。

第四，坚持问题导向、勇于攻坚克难。"问题是工作的导向，也是改革的突破口。要紧紧抓住影响司法公正、制约司法能力的重大问题和关键问题，增强改革的针对性和实效性。"② 英国哲学家培根说过："一次不公正的审判，其恶果甚至超过十次犯罪。因为犯罪虽是无视法律——好比污染了水

---

① 中共中央文献研究室．习近平关于全面依法治国论述摘编．北京：中央文献出版社，2015：78.

② 习近平．习近平谈治国理政：第2卷．北京：外文出版社，2017：132.

流，而不公正的审判则毁坏法律——好比污染了水源。"这其中的道理是深刻的。如果司法这道防线缺乏公信力，社会公正就会受到普遍质疑，社会和谐稳定就难以保障。司法不公对社会公正具有致命的破坏作用。"当前，司法领域存在的主要问题是，司法不公、司法公信力不高问题十分突出，一些司法人员作风不正、办案不廉，办金钱案、关系案、人情案，'吃了原告吃被告'，等等。司法不公的深层次原因在于司法体制不完善、司法职权配置和权力运行机制不科学、人权司法保障制度不健全。"① 深化司法体制改革，要健全有效防范司法不公、司法腐败的体制机制，增强司法过程的开放性和透明度，努力让司法成为维护社会公平正义的最后一道防线。

(二) 依法独立公正行使司法权

人民法院、人民检察院依法独立行使审判权、检察权，不受任何行政机关、社会团体和个人的干涉，是保证司法公正的重要前提条件。但长期以来，我国法院、检察院依行政区划设置，并实行人财物分级管理、分级负责的体制。这种体制，不仅与司法权的国家属性不相适应，也容易导致司法活动受地方干扰。实践中，一些领导干部出于个人私利或地方利益、部门利益，为案件当事人请托说情，对案件处理提出倾向性意见，甚至直接向司法机关发号施令，不仅影响司

---

① 中共中央文献研究室．十八大以来重要文献选编：中．北京：中央文献出版社，2016：151.

法公正，而且损害司法权威。针对这些问题，习近平总书记指出："推进公正司法，要以优化司法职权配置为重点，健全司法权力分工负责、相互配合、相互制约的制度安排。各级党组织和领导干部都要旗帜鲜明支持司法机关依法独立行使职权，绝不容许利用职权干预司法。"①

第一，推进司法管理体制改革。司法管理体制主要涉及司法机关的设置以及人财物管理模式。司法管理体制改革在司法体制改革中居于基础性地位，在保障司法机关依法独立行使职权上发挥关键性作用。主要包括三个方面的改革举措：

一是探索与行政区划适当分离的司法管辖制度。司法机关和行政机关在设置方式上有所不同，分别依司法管辖区和行政区划设置。依司法管辖区设置时主要考虑案件数量、诉讼便利、司法资源配置等因素；依行政区划设置时主要考虑政治、经济、民族、人口、历史传统、国防等因素。我国司法机关主要依行政区划设置，不仅容易滋生司法地方保护主义，也容易导致同一层级司法机关案件数量悬殊，人员忙闲不均②。为此，党的十八届三中全会通过的《中共中央关于全面深化改革若干重大问题的决定》提出要探索建立与行政区划适当分离的司法管辖制度：其一是设立跨行政区划的法院、检察院。跨行政区划的人民法院主要管辖跨地区的行政诉讼案件、重大民商事案件等重大案件。其二是设立知识产权法院，专门管辖本行政区域内的知识产权案件。

---

① 习近平 . 加快建设社会主义法治国家 . 求是，2015（1）.
② 黄文艺 . 中国司法改革基本理路解析 . 法制与社会发展，2017，23（2）.

二是最高人民法院设立巡回法庭。习近平总书记指出："最高人民法院设立巡回法庭，审理跨行政区域重大行政和民商事案件。这样做，有利于审判机关重心下移、就地解决纠纷、方便当事人诉讼，有利于最高人民法院本部集中精力制定司法政策和司法解释、审理对统一法律适用有重大指导意义的案件。"①

三是推动省以下地方法院、检察院人财物统一管理。我国幅员辽阔、人口众多，各地经济社会发展水平不平衡，全国法官、检察官数量比较多，地方法院、检察院人财物统一收归中央一级管理和保障，在现阶段难以做到。中央提出首先推动省以下地方法院、检察院人财物统一管理，体现了从国情出发分步推进改革的政治智慧。法官、检察官的统一管理，主要是在省一级设立法官、检察官遴选委员会，建立法官、检察官统一由省遴选并按法定程序任免的机制。领导干部的统一管理，按照党管干部原则，市级、县级法院院长、检察院检察长由省级党委（党委组织部）直接管理，其他领导班子成员可委托当地市级党委管理。经费的统一管理，主要是建立省以下地方法院、检察院经费由省级政府财政部门统一管理机制，预算资金通过国库集中支付系统拨付给各法院、检察院。习近平总书记指出："这次改革主要推动建立省以下法院和检察院法官、检察官编制统一管理制度，法官、检察官由省提名和管理并按法定程序任免的机制，探索由省

---

① 中共中央文献研究室．十八大以来重要文献选编：中．北京：中央文献出版社，2016：152.

级财政统筹地方各级法院、检察院的经费。"①

　　第二，防止违法干预司法活动。习近平总书记指出："做到严格执法、公正司法，还要着力解决领导机关和领导干部违法违规干预问题。这是导致执法不公、司法腐败的一个顽瘴痼疾。一些党政领导干部出于个人利益，打招呼、批条子、递材料，或者以其他明示、暗示方式插手干预个案，甚至让执法司法机关做违反法定职责的事。在中国共产党领导的社会主义国家里，这是绝对不允许的!"② 从司法实践来看，来自司法机关内外的各种违法干预活动，是妨碍司法公正甚至酿成冤假错案的重要因素③。党的十八届四中全会通过的《中共中央关于全面推进依法治国若干重大问题的决定》提出了两项改革举措：一是建立领导干部干预司法活动、插手具体案件处理的记录、通报和责任追究制度，防止外部干预。二是建立司法机关内部人员过问案件的记录制度和责任追究制度，防止司法机关内部的干预④。习近平总书记指出："'举直错诸枉，则民服；举枉错诸直，则民不服。'司法人员要刚正不阿，勇于担当，敢于依法排除来自司法机关内部和外部的干扰，坚守公正司法的底线。要坚持以公开促公正、树公信，构建开放、动态、透明、便民的阳光司法机制，杜绝暗箱操作，坚决遏制司法腐败。"⑤

---

　　① 中共中央文献研究室. 习近平关于全面依法治国论述摘编. 北京：中央文献出版社，2015：78.

　　② 同①73.

　　③④ 张文显. 论司法责任制. 中州学刊，2017 (1).

　　⑤ 习近平. 加快建设社会主义法治国家. 求是，2015 (1).

中共中央办公厅和国务院办公厅印发的《领导干部干预司法活动、插手具体案件处理的记录、通报和责任追究规定》和中央政法委印发的《司法机关内部人员过问案件的记录和责任追究规定》，提出了解决违法干预司法活动的具体办法，要求司法人员全面、如实记录领导干部干预司法活动和司法机关内部人员过问案件的情况，做到全程留痕、有据可查。同时规定，司法人员如实记录受法律和组织保护，领导干部和司法机关内部人员不得对司法人员打击报复。这两个规定立体化地为干预司法划出"红线"，构筑起了防御干扰司法活动的制度"防火墙"①。党的十八届四中全会通过的《中共中央关于全面推进依法治国若干重大问题的决定》还提出，健全司法人员履行法定职责保护机制。非因法定事由，非经法定程序，不得将法官、检察官调离、辞退或者作出免职、降级等处分。建立这一保护机制，有利于防止某些人利用干部人事权等权力打击报复秉公办案的司法人员，为司法人员公正司法撑起保护伞，解除后顾之忧。

第三，切实维护司法权威。司法机关要履行好定分止争的功能，必须有足够的司法权威。司法实践中时常发生的扰乱法庭秩序、法院裁判难以执行等现象，不仅损害司法权威，也不利于定分止争。需要完善惩戒妨碍司法机关依法行使职权、拒不执行生效裁判和决定、藐视法庭权威等违法犯罪行为的法律规定。《刑法修正案（九）》明确了扰乱法庭秩序的

① 张文显. 论司法责任制. 中州学刊, 2017（1）.

四种情形：一是聚众哄闹、冲击法庭的；二是殴打司法工作人员或者诉讼参与人的；三是侮辱、诽谤、威胁司法工作人员或者诉讼参与人，不听法庭制止，严重扰乱法庭秩序的；四是有毁坏法庭设施，抢夺、损毁诉讼文书、证据等扰乱法庭秩序行为，情节严重的。这将有利于维护法庭秩序、树立司法权威。

落实司法的终局性原则是维护司法权威的必然要求。司法的终局性体现为司法机关所作出的终审裁判是案件的最终结论，任何机关和个人都不能更改和推翻。但是长期以来，我们并不重视维护司法的终局性和既判力。一些人利用再审、信访等机制反复申诉、反复信访，制造出了很多"马拉松式的诉讼"，既造成司法资源的巨大浪费，又导致司法裁判丧失权威。党中央提出，要落实终审和诉讼终结制度，实行诉访分离。把涉及民事、行政、刑事等诉讼权利救济的信访事项从普通信访体制中分离出来，导入司法程序机制，由政法机关依法处理，把涉法涉诉信访纳入法治轨道解决，实现维护人民群众合法权益与维护司法权威相统一。

（三）司法权运行机制

司法权运行机制，既涉及不同司法机关之间的司法职权配置问题，又涉及司法机关内部司法职权行使问题。建立分工合理、权责统一、权责明晰、权力制约的司法权运行机制，是司法公正、高效、廉洁的重要制度保障。

第一，优化司法职权配置。我国司法职权配置存在着不同职权混同、相互制约不够的问题。法院作为审判机关，本应专司审判职权，却同时行使具有行政权性质的裁判执行权。人民检察院作为法律监督机关，既行使对刑事诉讼活动的监督权，同时又是刑事诉讼活动的办案机关，行使职务犯罪侦查权和审查起诉权，存在着既当运动员又当裁判员的问题。又如，由于公检法三机关配合多、制约少，出现了所谓"以侦查为中心"的刑事诉讼流水线。侦查机关提出什么起诉意见，公诉机关就按什么意见起诉，审判机关就按什么意见判决，导致一些"事实不清、证据不足"的案件通过这条流水线变成了冤假错案。对此提出的改革举措主要有：

（1）健全司法权力分工负责、互相配合、互相制约的体制机制。这是改革开放 40 多年来司法实践经验和成果的总结，揭示了我国社会主义司法制度的鲜明特色，是优化司法职权配置的指导原则。在我国，广义上的司法权包括公安机关行使的侦查权、人民检察院行使的检察权、人民法院行使的审判权和司法行政机关行使的刑罚执行权。四个机关应该各司其职，四种权能应该相互配合、相互制约。

（2）探索实行审判权和执行权相分离，即审判权和执行权分别由不同的机关行使。在我国司法实践中，不少案件的判决本来是公正的，但被执行人已经丧失实际履行能力，反使申请执行人往往把无法执行的原因归咎于法院，对司法公正产生怀疑。对此，要在借鉴其他国家有益经验的基础上，试点探索执行权由其他机关行使的执行模式。

（3）实行法院、检察院的司法行政事务管理权与审判权、检察权相分离。法院、检察院的人财物管理权属于司法行政事务权。将司法行政事务管理权与审判权、检察权适当分离，有利于防止司法行政事务管理权影响审判权、检察权，确保依法独立公正行使审判权、检察权。从目前情况来看，我国实行省以下法院、检察院人财物省级统管后，法官检察官遴选等司法行政事务管理权将从省以下法院、检察院剥离出来，形成外部分离格局。同时，推动其他司法行政事务管理权与审判权、检察权在法院、检察院内部明确区分开来，形成内部分离格局。

（4）统一刑罚执行体制。我国刑罚执行权目前由司法行政机关、人民法院、公安机关三个机关分别行使。其中，死刑缓期二年执行、无期徒刑、有期徒刑由隶属于司法行政机关的监狱执行，管制、缓刑、假释或者暂予监外执行由隶属于司法行政机关的社区矫正机构执行，死刑立即执行、罚金刑、没收财产刑由人民法院执行，拘役、剥夺政治权利由公安机关执行。刑罚执行权过于分散，不利于统一刑罚执行标准、保障罪犯合法权益。鉴于大部分刑罚事实上都由司法行政机关执行，我国可探索由司法行政机关统一行使刑罚执行权的执行模式。

（5）推进以审判为中心的刑事诉讼制度改革。刑事诉讼包括侦查、审查起诉、审判等程序。推进以审判为中心的刑事诉讼制度改革，首先，要坚持审判程序的中心地位。未经人民法院依法判决，任何人都不得被确定有罪。人民法院是唯一拥有定罪权的国家机关，审判是对被告人是否有罪作出最终裁判的程序。习近平总书记指出："推进以审判为中心的诉讼制度改革，目的是促使办案人员树立办案必须经得起法律检验的理念，确保侦查、审查起诉的案件事实证据经得起法律检验，保证庭审在查明事实、认定证据、保护诉权、公正裁判中发挥决定性作用。这项改革有利于促使办案人员增强责任意识，通过法庭审判的程序公正实现案件裁判的实体公正，有效防范冤假错案产生。"① 其次，要发挥庭审的决定性作用。庭审是审判程序的最关键环节，要保证庭审在查明事实、认定证据、保护诉权、公正裁判中发挥决定性作用。要严格依照法定程序开庭审理案件，防止庭审走过场，确保证据出示质证在法庭、案件事实查明在法庭、诉辩意见发表在法庭、裁判结果形成在法庭。

第二，完善司法责任制。长期以来，我国司法机关内部形成了一套行政化的工作机制，案件办理由庭长、院长层层审批把关，审判委员会通过听办案人汇报的方式集体讨论定案。这种工作机制，导致审者不判、判者不审，既违背了司法的亲历性规律，无法保证司法公正，也难以追究错案责任。一些法官为规避个人责任，往往主动将案件向庭长、院长请示汇报，或者提请审判委员会讨论决定。实行司法责任制，就是要让审理者裁判、由裁判者负责，实现权责相统一。对此提出的主要改革举措有：

（1）完善主审法官、合议庭、主任检察官办案责任制。

---

① 中共中央文献研究室. 十八大以来重要文献选编：中. 北京：中央文献出版社，2016：154.

对独任审理的案件，主审法官全权负责。对合议庭审理的案件，由1名主审法官担任审判长，配备多名法官或人民陪审员组成合议庭，审判长对主持庭审、裁判文书制作等负主要责任，合议庭其他成员对本人评议意见负责。主任检察官作为办案组织的负责人，在检察长依法授权范围内，行使检察办案权并承担相应责任。

（2）改革司法机关内部管理体制。司法机关内部管理体制改革包括两方面内容：一是精简内设机构。削减中间管理层次，实行扁平化管理。二是调整管理权限。对于普通案件，取消院、庭长案件审批权。权力清单从正面规定院、庭长的审判管理权，如审判质效管理、总结审判工作经验、法定程序事项审批等；负面清单列出院、庭长的禁止性事项，如不得强令合议庭改变评议意见、不得签发未参加合议庭审理案件的裁判文书等。

（3）改革审判委员会制度。完善司法责任制度，需要处理好独任法官、合议庭与审判委员会的关系。审判委员会主要研究法律适用问题以及涉及国家外交、安全和社会稳定的重大复杂案件。在研究案件时，独任法官、合议庭对其汇报的事实负责，审判委员会委员对本人发表的意见负责。这样，既让审判的亲历者对案件事实证据负责，又厘清了独任法官、合议庭与审判委员会委员各自的职权与责任。

（4）建立办案质量终身负责制和错案责任追究制。主审法官、合议庭、主任检察官在各自职权范围内对案件质量终身负责，严格错案责任追究。目前的司法体制改革文件在错案认定和责任追究上主要包括两方面内容：一是区分错案和有瑕疵的案件。对于事实表述、法条引用、办案程序、文书制作等方面不符合法律和有关规定，但不影响处理结果的正确性及效力的案件，应当认定是有瑕疵的案件；认定事实错误或事实不清、适用法律明显不当、办案程序严重违法、处理结果显失公正的案件，才能认定为错案。瑕疵属于案件质量不够高，应当由办案人负责，但不宜追究错案责任。二是看错案的办案人是否有明显的主观过错。因办案人故意贪赃枉法、徇私枉法或有重大过失而导致的错案，应追究办案人的错案责任。因客观条件限制或对法律法规、案件事实和证据理解认识出现正常偏差而导致的错案，不应追究办案人的错案责任。

第三，健全司法权力监督制约机制。加强对司法权力的监督制约，让司法权力在阳光下运行，是防止司法权力滥用的根本要求。内容涉及司法机关内部监督制约、司法机关相互监督制约、对司法活动的社会监督、对司法人员社会交往行为的监督等。主要包括：完善人民陪审员制度，完善人民监督员制度，推进审判公开、检务公开、警务公开、狱务公开，构建开放、动态、透明、便民的阳光司法机制，完善检察机关行使监督权的法律制度，建立终身禁止从事法律职业制度，等等①。具体而言：

（1）完善司法机关内部监督制约机制。一是优化司法机

———————

① 中共中央关于全面推进依法治国若干重大问题的决定.北京：人民出版社，2014：23-26.

关内部职权配置。以法院为例，就是要形成立案、审判、执行、审判监督各环节之间相互制约的机制。二是健全法院审判管理、检察院案件管理制度，发挥审判管理、案件管理的监督作用。以检察院为例，要强化案件管理部门对办案活动的内部监督职能，对办案全过程进行节点监控，对法律文书和涉案文书统一监管、对律师统一接待，推进统一业务应用系统升级改造和深化应用。

（2）健全司法机关相互监督制约机制。侦查权、检察权、审判权、执行权相互制约是我国司法权力运行机制的重要特征。但长期以来，我国司法机关之间重配合、轻制约，使相互间的制约作用未得到充分发挥。司改中，要加强对刑事诉讼、民事诉讼、行政诉讼的法律监督。对刑事诉讼的监督，应突出对刑事立案、刑罚执行的监督，解决有案不立、有罪不究、以罚代刑等问题，防范减刑、假释、暂予监外执行过程中的司法腐败。对民事诉讼、行政诉讼的监督，应重点监督纠正裁判不公、虚假诉讼、民事调解损害国家利益和社会利益、违法执行等问题①。

（3）完善司法的社会监督机制。人民群众、社会组织、社会舆论是监督司法活动的重要力量。党的十八届四中全会通过的《中共中央关于全面推进依法治国若干重大问题的决定》对人民群众有序参与司法、监督司法作了重要部署。2015年2月，中央全面深化改革领导小组审议通过《深化人

---

① 曹建明. 加强对司法活动的监督（学习贯彻党的十八届四中全会精神）. 人民日报，2014-11-17（6）.

民监督员制度改革方案》，对改革人民监督员选任机制、拓展人民监督员监督案件范围、完善人民监督员监督程序、完善人民监督员知情权保障机制作出明确规定，有利于充分发挥人民监督员对检察工作的监督作用，解决好"谁来监督监督者"的问题。2015年4月，中央全面深化改革领导小组审议通过《人民陪审员制度改革试点方案》，对改革人民陪审员选任条件、完善人民陪审员选任程序、扩大人民陪审员参审范围、探索人民陪审员参审职权、完善人民陪审员退出和惩戒机制作出明确规定，有利于切实解决人民陪审员陪而不审、审而不议等问题。需要强调的是，加强对司法的社会监督，还必须深化司法公开。党的十八大以来，我国审判、检务、警务、狱务公开进程明显加快，裁判文书公开、审判流程公开、执行信息公开等各类信息公开平台建设取得阶段性成果。薄熙来案等大案开展庭审微博直播、视频直播，获得国内外舆论高度赞扬。

（4）加强对司法人员业外行为的监督。司法人员业外行为和私生活受到严格约束，是司法职业纪律严于其他职业的重要体现。2015年发布的《关于进一步规范司法人员与当事人、律师、特殊关系人、中介组织接触交往行为的若干规定》划出了司法人员社会交往的"红线"。比如：不得为当事人推荐、介绍诉讼代理人、辩护人或者为律师、中介组织介绍案件，不得要求、建议或者暗示当事人更换符合代理条件的律师；不得接受当事人、律师、特殊关系人、中介组织请客送礼或者其他利益；不得向当事人、律师、特殊关系人、中介组织借款、租借房屋，借用交通工具、通信工具或者其他物品。这要求司法人员管好自己的生活圈、交往圈，耐得住寂寞、守得住清贫，始终不逾越做人、用权、处事、交友的底线。

（四）人权司法保障制度

司法是人权保障的关键环节，人权司法保障状况在很大程度上反映了一国人权保护的总体水平。党的十八大以来，中央高度重视人权司法保障，把加强人权司法保障确立为法治中国建设的重要任务，对完善人权司法保障制度作出顶层设计，将中国人权司法保障推进到一个新阶段。

第一，加强对人身权利的司法保障。生命权、健康权、人格尊严权、人身自由权等人身权利是公民的基本人权。防止非法或错误地剥夺公民的人身权利，是人权司法保障的首要目标。对此，党的十八大以来，我国采取了一系列改革举措，包括废止劳动教养制度，健全落实罪刑法定、疑罪从无、非法证据排除等法律原则的法律制度，完善对限制人身自由司法措施和侦查手段的司法监督，加强对刑讯逼供和非法取证的源头预防，健全错案防止、纠正、责任追究机制，等等。

第二，加强对财产权利的司法保障。加强对财产权利的司法保障方面的改革举措主要包括：规范查封、扣押、冻结、处理涉案财物的司法程序，建立国家司法救助制度，加快建立失信被执行人信用监督、威慑和惩戒制度，等等。2015年审议通过的《关于进一步规范刑事诉讼涉案财物处置工作的意见》则对当事人涉案财物处置提出了很多具有现实针对性的有效措施。

第三，加强对诉讼权利的司法保障。诉讼权利作为当事人所享有的程序性权利，对于救济和保障当事人的实体权利至关重要。为充分保障当事人的诉讼权利，改革法院案件受理制度，建立对犯罪嫌疑人、罪犯的辩解、申诉、控告认真审查、及时处理机制，强化诉讼过程中当事人和其他诉讼参与人的知情权、陈述权、辩护辩论权、申请权、申诉权的制度保障，完善法律援助制度。对依法应受理的案件，做到有案必立、有诉必理，从制度上、源头上解决"立案难"的问题。这一改革强调当场登记立案。对符合法律规定的起诉、自诉、申请，一律接收诉状，当场登记立案；对提交材料不符合形式要件的，要以书面形式一次性告知应当补正的材料和期限；对不符合法律规定的，应当依法裁决不予受理，并载明理由。禁止不收材料、不予以答复、不出具法律文书。当事人对裁决不服的，可以提起上诉或申请复议。

（五）司法职业制度

司法人员专业素质的高低，直接影响司法质效。严格司法人员选任条件、健全司法教育培训机制、加强司法人员职业保障、提高司法人员薪酬待遇等措施，建立高素质的司法队伍，推动司法队伍正规化、职业化、专业化建设，是司法体制综合配套改革的重点内容。

第一，完善司法人员分类管理制度。

司法人员分类管理，就是把法院、检察院工作人员分为法官、检察官，司法辅助人员，司法行政人员三类。其中，司法辅助人员是协助法官、检察官履行审判、检察职责的工作人员，包括法官、检察官的助理，书记员，司法技术人员，司法警察等。司法行政人员是法院、检察院从事行政管理工作的人员，包括政工党务、行政事务管理人员。按照工作特点和履行职责要求，对法官、检察官实行有别于普通公务员、符合司法职业特点的管理制度；对司法辅助人员按国家有关规定管理，其中，法官、检察官的助理、书记员按综合管理类公务员管理，司法技术人员按专业技术类公务员管理，司法警察参照公安机关人民警察职务序列管理；对司法行政人员按综合管理类公务员管理。完善司法人员分类管理制度，就是让司法人员各归其位、各尽其责。比如，凡进入法官、检察官员额的人员，都应当到司法一线办案，同时享受法官、检察官待遇，让法官、检察官名副其实。

第二，优化司法人力资源配置。

以法官、检察官为主体，法官、检察官和司法辅助人员分工协作的司法团队，是司法权高效运行的组织保障。在审判团队中，法官负责主持开庭、作出裁判等核心业务，司法辅助人员承担联络、接待、案卷整理、开庭准备、记录、文书送达、执行等辅助性工作。为此，实行法官、检察官员额制，是推进法官、检察官专业化、职业化，优化司法人力资源配置的制度保障。

第三，完善法官、检察官遴选制度。

实行员额制，不只是控制法官、检察官的人数，更重要的是提高法官、检察官的素质，其任职条件必须十分严格。目前的改革举措有三项：一是实行省级统一遴选。为保证遴选的专业性、权威性和公信力，法官、检察官业务素质和能力的考核由省级法官检察官遴选委员会负责。二是建立从优秀律师、法学专家中招录法官、检察官的制度。三是建立法官、检察官逐级遴选制度。

第四，健全司法人员职业保障制度。

本轮司法改革按照权责利相统一的原则，在提高准入门槛、严格司法责任的同时，大力加强对司法人员的职业保障。一是建立法官、检察官单独职务序列。目前，我国《法官法》《检察官法》中法官、检察官职务序列设置为十二级，但职务等级主要依据行政职级确定。这种把法官、检察官职务等级和行政职级挂钩的做法，不符合司法职业特点。中央全面深化改革领导小组审议通过的《法官、检察官单独职务序列改革试点方案》，对法官、检察官单独职务序列的适用范围、等级设置、晋升方式、等级比例、审批权限等作出了明确规定，以任职资历、专业能力、司法业绩为主要评价标准，有利于建立起符合司法职业特点、有别于普通公务员的单独职务序列。二是建立与法官、检察官单独职务序列相配套的薪酬制度。2015 年，中央组织部、中央政法委等部门联合印发的《法官、检察官工资制度改革试点方案》提出实行全国统一的法官、检察官工资制度，进而体现职业特点，建立与法官、检察官单独职务序列相衔接、有别于普通公务员的工资制度；建立与工作职责、实绩和贡献紧密联系的工资分配机制，健全完善约束机制，鼓励办案人员办好案、多办案；加大对一线办案人员的工资政策倾斜力度，鼓励优秀人员向一线办案岗位流动①。三是完善其他司法人员的职业保障制度，即要统筹考虑司法辅助人员、司法行政人员的职务序列制度，为他们设计职业晋升通道，拓宽职业发展空间，努力使各类司法人员都成为改革的拥护者和推动者。

二、党的十八大以来的司法实践

（一）审判工作

党的十八大以来，审判工作和检察工作的案件呈现出逐渐增长的趋势，一方面反映了我国经济社会的迅速发展，另一方面也反映了我国司法机关的履职能力在不断加强。本书梳理了相关的数据，使读者更为直观地感受党的十八大以来的司法工作现状。

2015—2022 年，全国审判工作稳步开展。最高人民法院受理和审结的案件逐年递增，反映出最高人民法院作为我国等级最高的审判机关，一直在积极履职，指导并参与司法实践。2015—2022 年，地方各级人民法院受理案件和审执结案件的数量大体呈现出持续增长的趋势（见表 5 - 1）。由于我国幅员辽阔、人口众多，公民之间的民事案件和结案标的额能够反映出经济社会发展的活跃度。法社会学观点认为，经济

---

① 黄文艺. 中国司法改革基本理路解析. 法制与社会发展，2017，23（2）.

案件的增加在一定程度上与经济发展水平正相关，美国、日本等发达国家的案件数量远远多于欠发达国家。发达国家的案件数量多，一是因为其公民借助司法力量保护个人权利的意识较为强烈；二是因为发达国家的司法制度相对便民，有像小额诉讼、辩诉交易等有利于公民快速解决司法问题的制度。从我国近年来的审判实践看，地方各级的民事、刑事案件虽然在数量上有一些波动，但是总体上仍呈现增加的趋势。

党的十八届四中全会作出"切实解决执行难"的决策部署。最高人民法院坚决贯彻党中央部署，于 2016 年 3 月提出用两到三年时间基本解决执行难问题。而就执行问题而言，全国各级人民法院的审执结案件从 2016 年起大幅度提高，体现了审判系统解决执行难问题的决心和行动。

表 5 - 1　2015—2022 年各级人民法院受理/审执结案件的数量

年份	最高人民法院受理案件/审结案件（件）	地方各级人民法院受理案件/审执结案件（万件）	地方各级人民法院的结案标的额（万亿元）	各级法院审结的一审刑事案件（万件）	各级法院审结的一审民事案件（万件）	各级法院审结的一审行政案件（万件）
2015	15 985 14 135	1 951.1 1 671.4	4	109.9	622.8	19.9
2016	22 742 20 151	2 303 1 977.2	4.98	111.6	673.8	22.5
2017	28 499 25 808	2 573.7 2 275.4	6.11	129.6	1 165.1	22.9
2018	34 794 31 883	2 800.0 2 516.8	5.5	119.8	901.7	25.1

续表

年份	最高人民法院受理案件/审结案件（件）	地方各级人民法院受理案件/审执结案件（万件）	地方各级人民法院的结案标的额（万亿元）	各级法院审结的一审刑事案件（万件）	各级法院审结的一审民事案件（万件）	各级法院审结的一审行政案件（万件）
2019	38 498 34 481	3 156.7 2 902.2	6.6	129.7	939.3	28.4
2020	39 347 35 773	3 080.5 2 870.5	7.1	111.6	1 330.6	26.6
2021	33 602 28 720	3 351.6 3 010.4	8.3	125.6	1 574.6	29.8
2022	18 547 13 785	3 370.4 3 081	9.9	——	——	——

　　党的十八大以来，人民法院不断深化改革、推进司法公正的步履不停、实招不断，特别是针对司法公正的难点和堵点，政法系统重拳出击，一一破解，让"立案难""执行难"成为历史。从五年周期看，2018—2022 年，最高人民法院受理案件 14.9 万件，审结 14.5 万件，比上一个五年分别上升 81.4％和 81.5％，制定司法解释 114 件，发布指导性案例 119 件，加强对全国法院审判工作监督指导；地方各级人民法院和专门人民法院受理案件 1.47 亿件，审执结 1.44 亿件，结案标的额 37.3 万亿元，比上一个五年分别上升 64.9％、67.3％和 84.7％。通过发挥审判职能作用，推动建设更高水平的平安中国、法治中国，为全面建成小康社会、全面建设社会主义现代化国家提供有力的司法服务和保障。从十年周期看，2012—2021 年，全国法院受理案件数从 1 300 多万件

增至 3 300 多万件。中国这十年，人民法院为破解"立案难""执行难"等问题，推行了大量有效举措。针对"立案难"，2015 年 5 月，人民法院将立案审查制改为立案登记制，大大降低立案门槛。人民法院在线服务平台提供立案、交费、调解、开庭、执行等"一网通办"服务，司法服务全天候"不打烊"，群众办事可以全流程"掌上办"。2022 年 4 月，全国法院超过 95.7% 的案件实现当场立案，长期困扰群众的"立案难"问题得以破解。针对生效判决"执行难"问题，人民法院全力开展基本解决"执行难"攻坚行动。2023 年《最高人民法院工作报告》指出，2018—2022 年，共受理执行案件 4 577.3 万件，执结 4 512.1 万件，执行到位金额 9.4 万亿元，2022 年首次突破 2 万亿元。网络执行查控系统对被执行人全国范围内 16 类财产一键查询、线上控制，累计查控案件 8 535 万件次，有效解决查人找物难。网络司法拍卖成交额超过 2 万亿元，为当事人节约佣金 621.4 亿元，有力破解财产变现难问题。联合信用惩戒体系让失信被执行人"一处失信、处处受限"，918 万人迫于信用惩戒压力主动履行了义务。

经过多年的不懈努力，人民法院已建成集约集成、在线融合、普惠均等的一站式多元纠纷解决和诉讼服务体系。为解决群众异地诉讼不方便等问题，最高人民法院推动实现了跨域立案全国覆盖，群众可以直接在网上申请，实现了"异地受理""无差别办理"。2022 年《最高人民法院工作报告》指出，全国法院已建成超过 1.3 万个覆盖城乡跨域立案网点，做到了 90% 的申请 30 分钟内响应。此外，以人民法院在线服务平台为总入口，集成了在线调解、电子送达、委托鉴定等10 个平台，实现打官司全流程"掌上办理"。全国法院 2021年在线调解纠纷突破 1 000 万件，平均每分钟就有 51 件纠纷成功化解在诉前，诉前调解平均办理时长为 17 天，比诉讼少39 天。只要一部智能手机，就可以随时随地了解司法活动相关信息。人民群众对于司法过程的参与、监督和评价，更加便捷高效。10 多年来，我国司法公开再升级，诉讼服务与监督评价全面对接。截至 2022 年 4 月，中国裁判文书网文书总量超过 1.3 亿份，访问总量超过 840 亿次，中国庭审公开网总直播案件超过 1 850 万件，观看量超过 475 亿人次，有的庭审累计观看量突破千万①。

（二）检察工作

2018—2022 年，最高人民检察院创新构建刑事、民事、行政、公益诉讼"四大检察"新格局，践行人民至上，能动履行宪法法律赋予的法律监督职责，人民检察事业实现新的跨越发展。全国检察机关共办理各类案件 1 733.6 万件，比上一个五年上升 40%。其中，2022 年受理审查逮捕 83.7 万人，受理审查起诉 209.2 万人，比 2018 年分别下降 38.6%、上升2.8%；办理民事案件 31.6 万件、行政案件 7.8 万件、公益诉讼案件 19.5 万件，比 2018 年分别上升 1.5 倍、3.3 倍和72.6%。最高人民检察院制定司法解释和司法解释性质文件

① 王亦君，先藕洁. 司法公开脚步不停歇 中国庭审公开网直播案件超 1 850万件. http：//news. cyol. com/gb/articles/2022 - 04/22/content_mnj4msVvx. html.

170 件，制发指导性案例 136 件，比上一个五年分别提高 78.9％和 3.5 倍。

在维护国家安全稳定方面，检察机关坚决维护国家安全和社会安定。批准逮捕各类犯罪嫌疑人 428.3 万人，比上一个五年下降 7.1％；起诉 827.3 万人，比上一个五年上升 12％。严厉打击敌对势力渗透、破坏、颠覆、分裂活动。在积极促推依法治网方面，五年间共起诉利用网络实施诈骗、赌博、传播淫秽物品等犯罪 71.9 万人，年均上升 43.3％。协同公安机关从严惩治电信网络诈骗犯罪，深挖幕后金主，严惩团伙骨干，全力追赃挽损，起诉 19.3 万人。

在以能动检察促推高质量发展方面：依法惩治破坏市场经济秩序犯罪，起诉 62.1 万人，比上一个五年上升 32.3％。护航金融安全，从严追诉集资诈骗、非法吸收公众存款等金融犯罪，起诉 18.5 万人，比上一个五年上升 28.2％。2022 年起诉侵犯商标权、专利权、著作权及商业秘密等犯罪 1.3 万人，比 2018 年上升 51.2％；办理知识产权民事行政诉讼监督案件 937 件，是 2018 年的 6.7 倍。受理各级监委移送职务犯罪 8.8 万人，已起诉 7.8 万人，其中原省部级以上干部 104 人。检察机关提前介入职务犯罪案件从 2018 年的 1 470 件增至 2022 年的 1.1 万件，自行补充侦查从 19 件增至 2 913 件，不起诉从 278 人增至 534 人，监检配合有力、制约有效。

在以能动检察保障民生福祉方面：对侵害未成年人犯罪"零容忍"。从严追诉性侵、虐待、暴力伤害等侵害未成年人犯罪 29 万人。出台检察政策，成年人拉拢、诱迫未成年人参与有组织犯罪一律从严追诉，网络猥亵等同线下犯罪追诉。起诉危害国防利益、侵犯军人军属合法权益犯罪 2 178 人，比上一个五年上升 33.2%；办理涉军公益诉讼 781 件，年均上升 86.7%。助力平安医院建设成效明显，起诉暴力伤医、聚众扰医等犯罪从 2018 年的 3 202 人降至 2022 年的 467 人。对权益受损但不敢或不懂起诉的老年人、残疾人、农民工和受家暴妇女等，支持提起民事诉讼 16.7 万件，是上一个五年的 11.5 倍；起诉拒不支付劳动报酬犯罪 9 431 人，比上一个五年上升 18.5%[①]。

三、监察法治及其实践

深化国家监察体制改革，是全面依法治国的重大举措，也是推进国家治理体系和治理能力现代化的必然要求。从 1949 年在政务院设立人民监察委员会，到 1954 年在国务院设立监察部，再到 1986 年恢复设立监察部、1993 年监察部与中央纪委合署办公、1995 年成立最高人民检察院反贪污贿赂总局、2018 年修宪并建立国家与地方的监察队伍等，党和国家探索积累了丰富的自我监督实践经验，开创了中国特色监察道路。

---

① 张军. 最高人民检察院工作报告. https：//www.spp.gov.cn/spp/gzbg/202303/t20230317_608767.shtml.

（一）监察体制改革及立法沿革

党的十八大以来，党中央对国家监察立法工作高度重视，始终坚持依法治国和依规治党有机统一。习近平总书记高度重视监察体制改革，发表了一系列重要讲话，深刻阐释了监察体制改革的重大意义、根本目的、总体目标和主要任务，科学回答了为什么改、为谁改、怎么改等重大理论和实践问题，为监察立法指明了前进方向、提供了根本遵循。伴随着监察体制改革的深化，监察工作被赋予了更多、更丰富的内涵，监察立法也随之不断健全完善，先后制定了《监察法》《监察法实施条例》《政务处分法》《监察官法》等一系列重要法律法规，为坚决打赢反腐败斗争持久战攻坚战提供了坚强法治保障。

2016 年 10 月党的十八届六中全会后，党中央决定启动国家监察体制改革工作。2016 年 12 月 25 日，十二届全国人大常委会第二十五次会议表决通过《关于在北京市、山西省、浙江省开展国家监察体制改革试点工作的决定》；2017 年 1 月 18 日，山西率先成立全国第一个省级监察委；2017 年 4 月 27 日，随着浙江湖州选举产生市监察委主任，北京、山西、浙江三试点省份各级监察委全部成立。在总结 3 个试点地区的实践经验的基础上，我国加快推进监察立法。

习近平总书记在党的十九大报告中作出深化国家监察体制改革，将试点工作在全国推开的战略部署。《深化党和国家机构改革方案》把组建国家监察委员会列在深化党中央机构改革方案第一条。2018 年 3 月，十三届全国人大一次会议表决通过了《宪法修正案》和《监察法》。由此，全面从严治党、全面依法治国掀开新的篇章，推进监察工作法治化、规范化、制度化工作取得历史性成就。随后，经党中央批准，2021 年 9 月 20 日，国家监察委员会发布《监察法实施条例》。条例认真落实党中央关于深化国家监察体制改革的重大决策部署，细化《监察法》的有关规定，完善监察权运行机制，是纪检监察机关深入践行习近平法治思想，推进监察法规制度建设系统集成、协同高效的重大制度成果。2023 年 3 月，十四届全国人大一次会议通过新修正的《立法法》，其第 118 条规定"国家监察委员会根据宪法和法律、全国人民代表大会常务委员会的有关决定，制定监察法规，报全国人民代表大会常务委员会备案"，明确赋予国家监察委员会立法权。

综上所述，随着《监察法》《监察官法》《政务处分法》《监察法实施条例》等多部法律法规的相继出台，监察权的规范化运行进一步实化细化，形成了以监察法为核心的集中统一、权威高效的国家监察体系，监察工作规范化、制度化、法治化水平迈上新的更高台阶。

（二）监察法治的主要内容

第一，加强党对监察工作的领导。制定监察法的根本目的是通过国家法律把党对反腐败工作的集中统一领导机制固定下来，强化"不敢腐"的震慑，扎牢"不能腐"的笼子，增强"不想腐"的自觉，为夺取反腐败斗争压倒性胜利提供坚强法治保证。成立监察委员会作为专门的反腐败工作机构，与党的纪律检查机关合署办公，在党的直接领导下，对行使公权力的党员干部、公职人员进行监督，对违纪的进行查处，对涉嫌违法犯罪的进行调查处置，是坚持党管干部原则、加强党的领导的重要体现，是完善坚持党的全面领导体制机制的重要举措。为此，《监察法》在总则第2条中旗帜鲜明地规定"坚持中国共产党对国家监察工作的领导"。

第二，实现对所有行使公权力的公职人员监察全覆盖。目前，党内监督已经实现全覆盖，而行政监察主要限于对行政机关及其工作人员的监督，覆盖面窄；检察院主要侦办国家工作人员职务犯罪，不管职务违法行为。制定监察法，就是要通过制度设计，补上过去监督存在的短板，实现对所有行使公权力的公职人员监察全覆盖，真正把所有公权力都关进制度笼子，体现依规治党与依法治国、党内监督与国家监察有机统一，不断强化党和国家的监督效能，探索出一条党长期执政条件下实现自我净化的有效路径，推进国家治理体系和治理能力现代化，把制度优势转化为治理效能。通过整合行政监察、预防腐败和检察机关查处贪污贿赂、失职渎职及预防职务犯罪等工作力量，设立国家、省、市、县监察委员会，同党的纪律检查机关合署办公，实行一套工作机制、两个机关名称，履行纪检、监察两项职能，对党中央或地方党委全面负责，形成监督合力、增强监督实效。《监察法》以法律形式把这一体制规定下来，在第3条中规定，各级监察委员会是行使国家监察职能的专责机关，依照本法对所有行使公权力的公职人员进行监察，调查职务违法和职务犯罪。在第三章"监察范围和管辖"中，根据中国特色政治体制和文化特征，将六大类监察对象统一纳入监察范围，由监察机关按照管理权限进行监察，把党中央关于对公权力监督全覆盖的要求具体化，深入推进党风廉政建设和反腐败斗争，深化标本兼治，体现制度的针对性、可操作性。

第三，监察委员会切实履行监察机关职责。国家监察机关作为反腐败的专责机关，同样由人民代表大会产生，并对它负责。《监察法》第 7~10 条规定，中华人民共和国国家监察委员会是最高监察机关，负责全国监察工作，对全国人民代表大会及其常务委员会负责，并接受其监督；地方各级监察委员会由本级人民代表大会产生，负责本行政区域内的监察工作，对本级人民代表大会及其常务委员会和上一级监察委员会负责，并接受其监督；国家监察委员会领导地方各级监察委员会的工作，上级监察委员会领导下级监察委员会的工作。同时，《监察法》规定各级监察委员会可以派驻或者派出监察机构、监察专员，监察机构、监察专员根据授权，按照管理权限依法履行职责权限；规定上级监察机关可以将其所管辖的监察事项指定下级监察机关管辖，也可以将下级监察机关有管辖权的监察事项指定给其他监察机关管辖。

第四，监察机关依法履职尽责。《监察法》规定了各级监委的主要职能：调查职务违法和职务犯罪，开展廉政建设和反腐败工作，维护宪法和法律的尊严。第 11 条规定了监察委员会依法履行监督、调查、处置职责：对公职人员开展廉政教育，对其依法履职、秉公用权、廉洁从政从业以及道德操守情况进行监督检查；对涉嫌贪污贿赂、滥用职权、玩忽职守、权力寻租、利益输送、徇私舞弊以及浪费国家资财等职务违法和职务犯罪进行调查；对违法的公职人员依法作出政务处分决定，对履行职责不力、失职失责的领导人员进行问责，对涉嫌职务犯罪的，将调查结果移送人民检察院依法审查、提起公诉，向监察对象所在单位提出监察建议。

第五，严格依照法定程序行使法律赋予的权限。《监察法》将纪检监察机关目前实际使用的调查措施以国家立法形式固定下来。一是将《行政监察法》规定的查询、复制、冻结、扣留、封存等措施，完善为查询、冻结、调取、查封、扣押、勘验检查、鉴定等。二是将实践中运用的谈话、询问等措施确定为法定权限。三是规定监察机关在调查涉嫌贪污贿赂、失职渎职等严重职务违法或者职务犯罪过程中，对已掌握被调查人部分违法犯罪事实及证据，仍有重要问题需要进一步调查，并且被调查人具有涉及案情重大、复杂，或者可能逃跑、自杀等情形的，经依法审批可以将其留置在特定场所进行调查。四是规定对需要采取技术调查、通缉、限制出境等措施的，经过严格的批准手续，交有关机关执行。在《监察法》中赋予监察委员会必要的权限和调查措施，目的是保证监察工作顺利进行，保障各级监察机关履行好监督、调查、处置职责。《监察法》专设"监察程序"一章，从审批权限、操作规范、调查时限和请示报告等方面，对监督、调查、处置工作程序作出严格规定，包括加强问题线索的管理和处置，规范搜查、查封、扣押等程序，对讯问和重要取证工作全程录音录像，严格涉案款物处理，等等。尤其是对采取留置调查措施，规定了严格的程序和限制条件：省级监察机关采取留置措施，应当报国家监察委员会备案，设区的市级以下监察机关采取留置措施，应当报上一级监察机关批准；留置时间不得超过三个月，特殊情况下经批准可延长一次，延长时间不得超过三个月。《监察法》还明确规定，对被调查人采取留置措施后，应当在二十四小时以内，通知被留置人员所在单位和家属，但有可能毁灭、伪造证据，干扰证人作证或者串供等有碍调查情形的除外。

第六，加强对监察机关的监督。习近平总书记强调，信任不能代替监督，监察委员会监督范围扩大了、权限丰富了，对监察委员会自身的要求必须严之又严、慎之又慎。监察机关必须始终接受党的领导和监督。监察法从以下几个方面规定了加强对监察机关和监察人员的监督：一是加强人大监督。《监察法》规定，监察机关接受本级人大及其常委会的监督；各级人大常委会听取和审议本级监察机关的专项工作报告，并组织执法检查；监察机关应当接受询问或者质询。《监察法》规定的人大监督方式既考虑了监委工作的特殊性，也考虑了监督的实效性，能够实现人大对监委的有效监督。二是强化自我监督。《监察法》与《中国共产党纪律检查机关监督执纪工作规则》相衔接，将实践中行之有效的做法上升为法律规范，要求设立内部专门的监督机构，建立打听案情、过问案件、说情干预登记备案制度，规定回避制度、离岗离职从业限制制度、案件处置重大失误责任追究制度等，引导和监督监察人员忠于职守、秉公执法，清正廉洁、保守秘密。三是明确监察机关与检察机关相互配合、相互制约。《监察法》规定检察机关对监察机关移送的案件依法审查、提起公诉，认为需要补充核实的，应当退回监察机关补充调查，对于有刑事诉讼法规定的不起诉情形的，经上一级人民检察院批准，依法作出不起诉的决定。四是明确规定监察机关应当依法公开监察工作信息，接受民主监督、社会监督、舆论监督。《监察法》规定的这些严格的监督制约措施，有利于监察机关在党中央集中统一领导下，以更高的标准、更严的要求抓好自身建设，防止"灯下黑"，推动建设一支让党放心、人民信赖的监察队伍①。

（三）监察法治的实践

为维护法制统一，修正后的《立法法》明确规定，国家监察委员会制定的监察法规，须报全国人大常委会备案。为加强法规的备案审查，《立法法》还增加规定，国家监察委员会认为行政法规、地方性法规、自治条例和单行条例同宪法法律相抵触，或者存在合宪合法性问题的，可以向全国人大常委会书面提出审查的要求。

2021年中共中央印发《法治中国建设规划（2020—2025年)》，要求"全国人大及其常委会通过的法律和作出的决定

---

① 马森述. 深刻认识监察法的重大意义和科学内涵. 中国纪检监察，2018（6)：53-55.

决议，应当确保符合宪法规定、宪法精神。推进合宪性审查工作，健全合宪性审查制度，明确合宪性审查的原则、内容、程序。建立健全涉及宪法问题的事先审查和咨询制度，有关方面拟出台的行政法规、军事法规、监察法规、地方性法规、经济特区法规、自治条例和单行条例、部门规章、地方政府规章、司法解释以及其他规范性文件和重要政策、重大举措，凡涉及宪法有关规定如何理解、实施、适用问题的，都应当依照有关规定向全国人大常委会书面提出合宪性审查请求"。十三届全国人大常委会采取一系列措施，在立法、修法、释法、作出决定中开展合宪性审查工作，推进合宪性审查工作显性化、规范化、常态化。例如：制定《监察法》《外商投资法》，修正《刑事诉讼法》，修订《人民法院组织法》、《人民检察院组织法》，修正《人口与计划生育法》，通过关于设立上海金融法院、关于全国人民代表大会宪法和法律委员会职责问题、关于国家监察委员会制定监察法规、关于中国人民解放军现役士兵衔级制度等决定时，都进行了合宪性审查，遵循宪法规定和宪法原则作出适当处理。

《十九届中央纪律检查委员会向中国共产党第二十次全国代表大会的工作报告》指出：2018—2022 年，全国纪检监察机关共接收信访举报 1 695.6 万件次，其中，检举控告类734.4 万件次，处置问题线索 831.6 万件，立案审查调查中管干部 261 人。全国纪检监察机关共立案 306.6 万件，处分299.2 万人；立案审查调查行贿人员 4.8 万人，移送检察机关1.3 万人。在高压震慑和政策感召下，8.1 万人向纪检监察机关主动投案，2020 年以来 21.6 万人主动交代问题。运用"四种形态"批评教育帮助和处理 933.6 万人次。其中，运用第一种形态以教育帮助为主谈话函询、提醒批评 627.8 万人次，占总人次的 67.2%；运用第二种形态给予轻处分、组织调整 237.8 万人次，占 25.5%；运用第三种形态给予重处分、职务调整 35.4 万人次，占 3.8%；运用第四种形态处理严重违纪违法、触犯刑律的 32.6 万人次，占 3.5%，其中涉嫌职务犯罪、移送检察机关的 8.7 万人，因其他犯罪被司法机关判处刑罚后移送纪检监察机关作出开除党籍、开除公职处分的 23.9 万人。全国共问责党组织 3.9 万个，问责党员领导干部、监察对象 29.9 万人。

在国际合作方面，我国积极参与联合国、二十国集团、亚太经合组织、金砖国家等多边框架下的反腐败合作，与 28 个国家新缔结引渡条约、司法协助条约、资产返还与分享协定等 43 项，国家监委与 10 个国家反腐败执法机构和国际组织签订合作协议 11 项，初步构建起覆盖各大洲和重点国家的反腐败执法合作网络[1]。2018—2022 年，"天网行动"追回外逃人员 7 089 人，其中，党员和国家工作人员 1 992 人，追回赃款 352.4 亿元，"百名红通人员"已有 61 人归案[2]。

---

[1] 杨晓渡. 国家监察委员会关于开展反腐败国际追逃追赃工作情况的报告：2020 年 8 月 10 日在第十三届全国人民代表大会常务委员会第二十一次会议上. http://www.npc.gov.cn/npc/c2/c30834/202008/t20200810_307136.html.

[2] 十九届中央纪律检查委员会向中国共产党第二十次全国代表大会的工作报告. http://rmfyb.chinacourt.org/paper/html/2022 - 10/28/content_222095.htm.

Chinese Modernization

and Rule of Law in China

新时代法治社会与法治文化建设

6

新时代法治社会与法治文化建设

法治社会是构筑法治国家的基础。只有文本上的法律体系，没有现实的法治社会，不是真正的法治；只有政府奉法依法，社会组织和普通公民置身法外，也不是真正的法治。要加大全民普法力度，建设社会主义法治文化，弘扬社会主义法治精神，传承中华优秀传统法律文化，引导全体人民做社会主义法治的忠实崇尚者、自觉遵守者、坚定捍卫者。建设覆盖城乡的现代公共法律服务体系，深入开展法治宣传教育，增强全民法治观念。推进多层次多领域依法治理，提升社会治理法治化水平。树立宪法法律至上、法律面前人人平等的法治理念，发挥领导干部示范带头作用，努力使尊法学法守法用法在全社会蔚然成风。

一、加快建设法治社会

（一）法治社会的定位和内涵

社会是共同生活的个体通过各种各样社会关系联合起来的集合。社会的主体是社会自身，即构成社会的人员和社会组织。

按社会的政治文化状况来称谓某种社会的特征，如古代的礼治社会、乡土社会，近代的市民社会、信息社会、网络社会等，"法治社会"是当代社会的重要存在形式之一。一般而言，"法治社会"是指法治理念、价值及其制度在全社会得到公认并得以实行的一种社会状态，表现为法律在全社会获得极大的权威性，对社会生活各个领域、对任何组织和个人都能进行有效管理。在一国之内，实现了政府和社会的共同有效治理、他治与自治的共同治理，治理客体主要是各种社会关系，包括社会自身的自治秩序及其与国家的关系。在新时代中央法治建设相关文件中，法治国家是法治建设的目标，法治政府是法治国家的主体，法治社会是法治国家的基础，三者共同构成建设法治中国的三根支柱，缺少任何一个方面，全面依法治国的总目标就无法实现。

关于法治社会的理论认识和实践探索经历了一个不断深化、持续推进的过程。

2013 年，党的十八届三中全会通过的《中共中央关于全面深化改革若干重大问题的决定》，将"完善和发展中国特色社会主义制度，推进国家治理体系和治理能力现代化"作为全面深化改革的总目标，第一次提出"推进建设法治中国"的伟大任务和崭新命题，并将之作为中国法治建设的最高目标。提出"必须坚持依法治国、依法执政、依法行政共同推进，坚持法治国家、法治政府、法治社会一体建设"。这些新理念连同数十项深化法治改革的实际举措，对打造中国法治模式、探明法治路径、开创中国法治建设的新局面意义深远。

2014 年，党的十八届四中全会通过的《中共中央关于全面推进依法治国若干重大问题的决定》，科学系统地提出了全面推进依法治国的指导思想、基本原则、总目标、总抓手和基本任务、法治工作的基本格局，阐释了中国特色社会主义法治道路的核心要义，回答了党的领导与依法治国的关系等重大问题，制定了加快法治中国建设的总体方案，按下了全面依法治国的"快进键"。《决定》第五章"增强全民法治观念，推进法治社会建设"从推动全社会树立法治意识、推进多层次多领域依法治理、建设完备的法律服务体系、健全依法维权和化解纠纷机制四个方面提出法治社会建设的任务举措。

2015年，党的十八届五中全会面向全党第一次提出创新、协调、绿色、开放、共享的新发展理念，强调法治是发展的可靠保障，必须加快建设法治经济和法治社会，把经济社会发展纳入法治轨道，明确了到2020年全面建成小康社会时的法治中国建设的阶段性目标，为实现全面依法治国的总目标奠定了坚实基础。

2017年，党的十九大报告把法治社会基本建成确立为到2035年基本实现社会主义现代化的重要目标之一，意义重大，影响深远，任务艰巨。制订了从2020年到2035年，人民平等参与、平等发展权利得到充分保障，法治国家、法治政府、法治社会基本建成，各方面制度更加完善，国家治理体系和治理能力现代化基本实现的宏伟蓝图。

2020年12月，中共中央印发了《法治社会建设实施纲要（2020—2025年）》，阐明了法治社会建设的指导思想、主要原则、总体目标，系统擘画了法治社会在推动全社会增强法治观念、健全社会领域制度规范、加强权利保护、推进社会治理法治化、依法治理网络空间等领域的建设任务。在党的集中统一领导下，加强组织保障，凝聚全社会力量，扎实有序推进法治社会建设。纲要特别指出，法治社会是构筑法治国家的基础，法治社会建设是实现国家治理体系和治理能力现代化的重要组成部分。建设信仰法治、公平正义、保障权利、守法诚信、充满活力、和谐有序的社会主义法治社会，是增强人民群众获得感、幸福感、安全感的重要举措。

2022 年 10 月，党的二十大报告在立意谋篇上做了重大调整创新，以第七个大标题"坚持全面依法治国，推进法治中国建设"专章论述、专题部署在法治轨道上全面建设社会主义现代化国家问题。对法治社会建设的判断更加深刻，建设内容的设计更加全面，建设目标更加明确。

（二）法治社会建设的原则目标

建设法治社会，必须以习近平法治思想为指导，坚定不移走中国特色社会主义法治道路，坚持法治国家、法治政府、法治社会一体建设，培育和践行社会主义核心价值观，增强全社会厉行法治的积极性和主动性，推动全社会尊法学法守法用法，健全社会公平正义法治保障制度，保障人民权利，提高社会治理法治化水平，为全面建设社会主义现代化国家、实现中华民族伟大复兴的中国梦筑牢坚实法治基础[①]。

法治社会建设的一般原则是：坚持党的集中统一领导，

---

①　中共中央印发《法治社会建设实施纲要（2020—2025 年）》. https：//www. gov. cn/zhengce/2020－12/07/content_5567791. htm.

坚持以中国特色社会主义法治理论为指导，坚持以人民为中心，坚持尊重和维护宪法法律权威，坚持法律面前人人平等，坚持权利与义务相统一，坚持法治、德治、自治相结合，坚持社会治理共建共治共享。

法治社会建设的总体目标是，到 2025 年，"八五"普法规划实施完成，法治观念深入人心，社会领域制度规范更加健全，社会主义核心价值观要求融入法治建设和社会治理成效显著，公民、法人和其他组织合法权益得到切实保障，社会治理法治化水平显著提高，形成符合国情、体现时代特征、人民群众满意的法治社会建设生动局面，为 2035 年基本建成法治社会奠定坚实基础。

（三）法治社会建设的主要内容

第一，推动全社会增强法治观念。

全民守法是法治社会的基础工程。树立宪法法律至上、法律面前人人平等的法治理念，培育全社会法治信仰，增强法治宣传教育针对性和实效性，引导全体人民做社会主义法治的忠实崇尚者、自觉遵守者、坚定捍卫者，使法治成为社会共识和基本原则①。具体包括以下方面：

一是维护宪法权威。深入宣传宪法，弘扬宪法精神，增强宪法意识，推动形成尊崇宪法、学习宪法、遵守宪法、维护宪法、运用宪法的社会氛围。切实加强对国家工作人员特

---

① 中共中央印发《法治社会建设实施纲要（2020—2025 年）》. https：//www.gov.cn/zhengce/2020‐12/07/content_5567791.htm.

别是各级领导干部的宪法教育，组织推动国家工作人员原原本本学习宪法文本。全面落实宪法宣誓制度，国家工作人员就职时应当依照法律规定进行宪法宣誓。推动"12·4"国家宪法日和"宪法宣传周"集中宣传活动制度化，实现宪法宣传教育常态化①。近年来，国家宪法日的活动逐渐丰富，"学而言宪"和"学宪法讲宪法"演讲比赛在全国各地展开，各省市、各高等院校纷纷组织形式丰富的宪法学习活动，起到了良好的宣传效果。

　　法律的权威源自人民内心的拥护和忠实的信仰。人民的权益要靠法律保障，法律的权威要靠人民维护。美国的法学家伯尔曼说过一句名言："法律如果不被信仰，它将形同虚设。"习近平总书记指出："法律要发挥作用，需要全社会信仰法律。卢梭说过，一切法律中最重要的法律，既不是刻在大理石上，也不是刻在铜表上，而是铭刻在公民的内心里。我国是个人情社会，人们的社会联系广泛，上下级、亲戚朋友、老战友、老同事、老同学关系比较融洽，逢事喜欢讲个熟门熟道，但如果人情介入了法律和权力领域，就会带来问题，甚至带来严重问题。"② 由此可见，法律的权威要靠人民群众对法律的熟悉、信任乃至于信仰来维持。党的十八届四中全会通过的《中共中央关于全面推进依法治国若干重大问

---

　　① 中共中央印发《法治社会建设实施纲要（2020—2025年）》. https：//www. gov. cn/zhengce/2020－12/07/content_5567791. htm.

　　② 中共中央文献研究室. 习近平关于全面依法治国论述摘编. 北京：中央文献出版社，2015：88－89.

题的决定》指出：必须弘扬社会主义法治精神，建设社会主义法治文化，增强全社会厉行法治的积极性和主动性，形成守法光荣、违法可耻的社会氛围，使全体人民都成为社会主义法治的忠实崇尚者、自觉遵守者、坚定捍卫者。而按照《决定》的要求，全面推进依法治国，必须做到科学立法、严格执法、公正司法、全民守法。如果立法者、执法者、司法者和人民群众这四种社会角色都能学法懂法用法，恪守法治精神，崇尚法律文化，无疑有助于实现建设社会主义法治体系和法治国家的伟大目标。

二是增强全面法治观念。要坚持把全民普法和守法作为依法治国的长期基础性工作，增强普法工作针对性和实效性，提升全体公民法治意识和法治素养。要把法治教育纳入国民教育体系和精神文明创建内容，加强青少年法治教育。要深化领导干部学法用法工作，以"关键少数"带动绝大多数，发挥示范带头作用，推动尊法学法守法用法蔚然成风。要健全普法教育宣传机制，深入推进国家机关"谁执法谁普法"普法责任制，建立执法司法人员、律师等以案释法制度，创新普法宣传形式，提高普法实效，引导全体人民做社会主义法治的忠实崇尚者、自觉遵守者、坚定捍卫者。

三是健全普法责任制。普法活动对法治实施的效果而言十分重要。伴随着新型科学技术和媒体形式的发展，普法的方式也应当有所改变，应当健全媒体公益普法制度，引导报社、电台、电视台、网站、融媒体中心等媒体自觉履行普法责任。培育壮大普法志愿者队伍，形成人民群众广泛参与普法活动的实践格局。习近平总书记指出："全民守法，就是任何组织或者个人都必须在宪法和法律范围内活动，任何公民、社会组织和国家机关都要以宪法和法律为行为准则，依照宪法和法律行使权利或权力、履行义务或职责。要深入开展法制宣传教育，在全社会弘扬社会主义法治精神，传播法律知识，培养法律意识，在全社会形成宪法至上、守法光荣的良好氛围。要坚持法制教育与法治实践相结合，广泛开展依法治理活动，提高社会管理法治化水平。"① 这是增强全民法治观念、普法教育乃至于实现法治社会的逻辑路径和操作方案。

四是建设社会主义法治文化。文化对人的影响往往是长期的、潜移默化的，人们如果能够在一个法治环境中成长，则会在心中种下遵纪守法的种子，从而有助于预防犯罪，减少违法风险，提高法治实施的效果。由此，应当充分发挥法治文化的引领、熏陶作用，形成守法光荣、违法可耻的社会氛围。具体而言，要发掘和传承中华传统优秀法律文化，推动中华法系的优秀思想和理念实现创造性转化、创新性发展，使中华法制文明焕发出新的生命力。建设社会主义法治文化，加强以社会主义核心价值观为基础的公民道德建设，做到法治和德治相辅相成、相互促进。坚持把全民普法和守法作为依法治国的长期基础性工作，加强青少年法治教育，提升全体公民法治意识和法治素养。深化领导干部学法用法工作，以"关键少数"带动绝大多数，发挥示范带头作用。

---

① 中共中央文献研究室. 习近平关于全面依法治国论述摘编. 北京：中央文献出版社，2015：87-88.

第二，健全社会领域制度规范。

加快建立健全社会领域法律制度，完善多层次多领域社会规范，强化道德规范建设，深入推进诚信建设制度化，以良法促进社会建设、保障社会善治。

一是完善社会重要领域立法。近年来，"领域立法"日趋重要。这实际上指出了未来立法的方向，从过去注重法律部门、法律体系的立法转向领域立法①。党在近年来的很多文件中都提到了领域立法的问题。例如，党的十八届四中全会通过的《中共中央关于全面推进依法治国若干重大问题的决定》明确提出加强重点领域立法，要求及时反映党和国家事业发展要求、人民群众期待，"实现立法和改革决策相衔接，做到重大改革于法有据、立法主动适应改革和经济社会发展需要。实践证明行之有效的，要及时上升为法律。实践条件还不成熟、需要先行先试的，要按照法定程序作出授权。对不适应改革要求的法律法规，要及时修改和废止"。"要积极推进国家安全、科技创新、公共卫生、生物安全、生态文明、防范风险、涉外法治等重要领域立法，健全国家治理急需的法律制度、满足人民日益增长的美好生活需要必备的法律制度，填补空白点、补强薄弱点。数字经济、互联网金融、人工智能、大数据、云计算等新技术新应用快速发展，催生一系列新业态新模式，但相关法律制度还存在时间差、空白区。"② 这其中，社会领域立法，因

---

① 侯猛. 党领导立法工作的制度格局. 北京行政学院学报，2023（5）：116-117.

② 习近平. 习近平谈治国理政：第4卷. 北京：外文出版社，2022：293.

其关乎民生，自然是重点领域中的重点。近年由于受到经济发展增速放缓的影响，就业率、医疗等问题成为社会公众普遍关注的问题，为了保障社会有序运行，应当在完善教育、劳动就业、收入分配、社会保障、医疗卫生、食品药品、安全生产、道路交通、扶贫、慈善、社会救助等领域和退役军人、妇女、未成年人、老年人、残疾人正当权益保护等方面进行法律的完善工作，确保法律在社会领域不缺位。

二是促进社会规范建设。社会规范建设是我国法律规范的重中之重。曾有学者指出，现代国家和社会的治理首先表现为规范体系的治理。规范体系的提出是为适应国家和社会治理体系、治理能力现代化的需求。规范体系为国家机关、政党、社会组织、公民个人等各类主体的行为创设规则，并遵循之。对当代中国规范体系制度结构和理论问题的梳理和描述、展示各种规范类型的存在现状，可以发现，法律规范、党内法规、党的政策、国家政策、社会规范是当代中国社会中客观存在的规范类型，在各自的不同场域发挥作用。每种规范类型有其不同的性质，其规范来源也不相同。法律规范来自有立法权的国家机关，党内法规及其政策来自执政党组织，国家政策来自国家政权机关，社会规范来自社会自身以及各种各样的社会组织机构。规范来源不同，有其不同的法律地位、作用和功能。各种规范类型的有机组合而形成的一个有机体系，构成当代中国规范体系的基本制度结构①。因

---

① 刘作翔．当代中国的规范体系：理论与制度结构．中国社会科学，2019(7)：85．

此，《法治社会建设实施纲要（2020—2025 年）》提出要充分发挥社会规范在协调社会关系、约束社会行为、维护社会秩序等方面的积极作用，并加强法律之外的社会规范的完善工作。

三是加强道德规范建设。法律和道德都具有规范社会行为、调节社会关系、维护社会秩序的作用，在国家治理中都有其地位和功能。一方面，道德使法律更善，增加了法律的德性；另一方面，法律使人们对待社会道德问题更加客观，增加了道德的理性。我们要一手抓法治、一手抓德治，实现法律和道德相辅相成、法治和德治相得益彰，推进国家治理现代化。

依法治国和以德治国的关系是一个古老的话题，中国传统法律文化就具有鲜明的伦理法色彩。孔子曰："道之以政，齐之以刑，民免而无耻；道之以德，齐之以礼，有耻且格。"这是对"德主刑辅"的治国思想和礼法结合、法准乎礼原则的精妙表达，其基本内涵是国家治理以道德调整为主，以法律（刑罚）调整为辅，按照伦理原则评价立法、执法、司法的优劣得失，进而维护善良淳朴的社会秩序不被损坏。这种占据主流思想地位的儒家传统对法律文化的影响，大体可以归纳为以下几点：奉行"出礼入刑""德主刑辅"的国家治理思想，强调仁爱、和谐、诚信、中庸的法律价值观，坚持无讼是求、以"和"为贵的司法审判原则，崇尚天理、国法、人情相结合的纠纷解决模式，注重树立严格执法、道德清廉的清官典型示范，沿用一整套体恤民情、谨慎刑罚的人性化法律制度。

发挥道德的社会教化作用及其对法治的支撑作用，提高全社会文明程度，为全面依法治国创造良好人文环境。要强化道德对法治的支撑作用，必须发挥道德的社会教化作用，弘扬社会主义法治精神，建设社会主义法治文化，增强全社会厉行法治的积极性和主动性，形成守法光荣、违法可耻的社会氛围，使全体人民都成为社会主义法治的忠实崇尚者、自觉遵守者、坚定捍卫者。我们还要在道德体系中体现法治要求，发挥道德对法治的滋养作用，加强公民道德建设，弘扬中华优秀传统文化，增强法治的道德底蕴，强化规则意识，倡导契约精神，弘扬公序良俗。要在道德教育中突出法治内涵，注重培育人们的法律信仰、法治观念、规则意识，引导人们自觉履行法定义务、社会责任、家庭责任，营造全社会都讲法治、守法治的文化环境。因此，《法治社会建设实施纲要（2020—2025 年）》要求的坚持依法治国和以德治国相结合，把法律规范和道德规范结合起来，以道德滋养法治精神，才得以实现法治社会。

四是推进社会诚信建设。十二届和十三届全国人大都将社会信用法列入三类立法规划，属于立法条件尚不完全具备，需要继续研究论证的立法。与当前轰轰烈烈的社会信用实践相比，与社会各界对信用立法的热切期待相比，这部立法的进程显得比较缓慢。同时，社会各方对于制定一部什么样的社会信用法仍然未能达成一致共识，对于立法方案还有较多争议，传统意义上的经济信用和中国本土所创新的公共信用之间关系如何处理，成了立法推进中"剪不断，理还乱"的大难题①。因此，《法治社会建设实施纲要（2020—2025年）》提出，应当加快推进社会信用体系建设，提高全社会诚信意识和信用水平。而从目前的情况来看，加快社会诚信立法需要各方主体的大力推动。

第三，加强权利保护。

一是健全公众参与重大公共决策机制。公共政策是民主的产物，同时又是民主的反映。公共政策机制作为公共行政体制的重要组成部分，作为有关公共行政决策活动的运行过程和工作方式所形成的相关规则和制度体系，其本身的民主是公共政策内在的、应然的要求，也是政治文明发展的必然诉求。公民参与是制定科学、民主的公共政策的客观需要，是公共决策机制的基石②。因此《法治社会建设实施纲要（2020—2025年）》提出在制定与人民生产生活和现实利益密切相关的经济社会政策和出台重大改革措施时，要充分体现公平正义和社会责任，畅通公众参与重大公共决策的渠道，采取多种形式广泛听取群众意见，切实保障公民、法人和其他组织合法权益。

二是保障行政执法中当事人的合法权益。《行政处罚法》第四条规定：公民、法人或者其他组织违反行政管理秩序的行为，应当给予行政处罚的，依照本法由法律、法规、规章

① 王伟. 论社会信用法的立法模式选择. 中国法学，2021（1）：228.
② 曾国平，王福波. 论公民参与视角下我国公共决策机制的完善. 云南社会科学，2008（3）：27.

规定，并由行政机关依照本法规定的程序实施。而《行政许可法》也有类似的保障性规定：行政机关对申请行政许可事项不予许可的，应当告知当事人，并说明理由，当事人有权依法申请行政复议或者提起行政诉讼。此外，《行政复议法》也规定，当事人可以提出书面复议申请，要求改变或者撤销行政行为，或者要求确认行政行为违法。复议机关应当根据申请人的请求、事实和法律规定，作出合法、及时、公正的复议决定。在行政处罚时，主体的合法权益必须得到保障，主体可以通过法律途径进行合法维权，维护自己的权益。由此，在行政执法中保障当事人的合法权益，并不仅仅是《法治社会建设实施纲要（2020—2025年)》的要求，更是法治社会建设的重要内容之一。

三是加强人权司法保障。法谚有云：没有救济就没有权利。人权要在社会中充分实现，必然有赖于强有力的司法机构对侵犯人权的各种行为予以制裁和矫正。人权的发展历史早已清晰地表明，专门的司法机关对于人权的法律保障发挥着不可或缺的重要作用。广义的司法机构也可包括前面谈到的宪法法院等护宪机构。司法是社会公正的最后一道防线，也是人权保障的最后一道防线。通过司法的公正程序和裁判，被侵犯的权利才可得到及时、公正的救济，各项人权立法方可有效实施。司法机关保障和促进人权的具体功能主要包括两个方面：第一，司法过程直接促进若干项基本人权的实现，如公正的司法能保障和促进人格尊严权，受法律平等对待、不被歧视的权利，与得到法庭公平审判相关的各项权利，对司法的批评监督权，与司法公开性相关联的公众知情权，促进保障生命、健康权及人身自由权等（如禁止刑讯逼供等酷刑、滥用惩罚权等）。第二，通过司法过程更充分地实现各项基本人权。公民权、政治权利、经济社会权的实现都离不开司法机关的保障。通过司法救济，可以及时追究人权侵犯者刑事的、行政的或民事的责任。惩罚侵权行为、赔偿损失、恢复权利、增进人权观念等，都是司法促进人权的基本做法①。因此，应当采用各种手段，加强人权的司法保障，实现公民权利的有效保障。

四是建设现代公共法律服务体系。公共法律服务是源于一国政府对其公民在法律义务上和政治道义上的不可放弃、不可转移的责任担当基础和政治伦理要求，基于政府公共服务职能、由政府统筹提供的、具有体现基本公共资源配置均等化属性和社会公益担当责任，旨在保障公民基本权利，维护公民合法权益，实现社会公平正义所必需的一般性的基本法律服务。其基本特征包括但不限于公共性、公益性、均等化、基本性、常态化和保障性。它是国家法律实施过程的重要一环，也是实现社会公平正义所必需的一般性公共法律服务，是中国特色社会主义法治体系的有机组成部分。实体平台建设、信息化平台建设和标准化平台建设构成其基础条件；而领导体制、发展规划、财政保障、资源配置和监督考核则是我国公共法律服务体系建设的要义和主旨所在②。同时，

---

① 朱景文.法理学.4版.北京：中国人民大学出版社，2021：209-210.
② 刘炳君.当代中国公共法律服务体系建设论纲.法学论坛，2016（1）.

《法治社会建设实施纲要（2020—2025年）》提出优化服务配置，推动公共法律服务资源向农村倾斜，加强欠发达地区公共法律服务建设，保障特殊群体服务权益。健全服务网络，大力发展县域和基层法律服务机构，健全县乡村法律援助服务点。拓展服务领域，积极为推动高质量发展、党政机关依法履职、促进公平正义、国家重大经贸活动和全方位对外开放提供法律服务。创新服务方式，建好连接省市县乡四级的法律服务信息化网络和平台，提供全业务全时空高品质服务。以上措施都体现了区域之间平衡的要求与努力。

五是引导社会主体履行法定义务承担社会责任。法律责任是法律调整的最后一环，总之，法律责任作为国家的否定性评价，是法律评价与道义评价的统一、主体自律性与社会他律性的统一、行为应受谴责性与国家强制性的统一、行为自主选择性与社会制约性的统一。这些所反映的就是法律责任本质的多重二元性。法律责任制度反映着统治阶级意志，也体现着社会共同的利益要求。法律责任反映着个人利益、群体利益和社会公共利益之间的冲突与调和①。由此，《法治社会建设实施纲要（2020—2025年）》规定，公民法人和其他组织享有宪法和法律规定的权利，同时必须履行宪法和法律规定的义务。强化规则意识，倡导契约精神，维护公序良俗，引导公民理性表达诉求，自觉履行法定义务、社会责任、家庭责任。引导和推动企业和其他组织履行法定义务、承担社

---

① 朱景文.法理学.4版.北京：中国人民大学出版社，2021：366.

会责任，促进社会健康有序运行。强化政策引领作用，为企业更好履行社会责任营造良好环境，推动企业与社会建立良好的互助互信关系。支持社会组织建立社会责任标准体系，引导社会资源向积极履行社会责任的社会组织倾斜。

第四，推进社会治理法治化。

一是完善社会治理体制机制。党的十八届三中全会通过的《中共中央关于全面深化改革若干重大问题的决定》把创新社会治理体制作为推进国家治理体系和治理能力现代化的重要内容，提出了"加快形成科学有效的社会治理体制，确保社会既充满活力又和谐有序"的目标要求，要求我们深刻领会创新社会治理体制在推进国家治理体系和治理能力现代化中的功能定位，坚守新时期创新社会治理体制的价值目标，诊断目前创新社会治理体制面临的现实困境，探寻创新社会治理体制的战略的实施策略①。《法治社会建设实施纲要（2020—2025年）》提出了要完善党委领导、政府负责、民主协商、社会协同、公众参与、法治保障、科技支撑的社会治理体系，打造共建共治共享的社会治理格局。健全地方党委在本地区发挥总揽全局、协调各方领导作用的机制，完善政府社会治理考核问责机制。引领和推动社会力量参与社会治理，建设人人有责、人人尽责、人人享有的社会治理共同体，确保社会治理过程人民参与、成效人民评判、成果人民共享。加强社会治理制度建设，推进社会治理制度化、规范化、程

---

① 姜晓萍. 国家治理现代化进程中的社会治理体制创新. 中国行政管理，2014（2）：24-28.

序化。由此可见，完善社会治理体制并非易事，与央地关系、"条块"理论都密不可分。

二是推进多层次多领域依法治理。加快推进市域社会治理现代化，是推进基层社会治理现代化的关键一环。积极探索新时代市域社会治理现代化的理论蕴含与实践路径，乃是推进国家治理体系与治理能力现代化实践中提出的一个亟待解决的重大现实课题。市域社会治理现代化是一种以设区的城市区域为空间范围，以党委、政府、群团组织、经济组织、社会组织、自治组织、公民为社会治理主体，以党建、法律、道德、心理、科技、民规民约为社会治理手段，以社会治理理念现代化、社会治理体系现代化、社会治理能力现代化为重点内容，以提高社会治理社会化、法治化、智能化、专业化水平为行动目标，以建设人人有责、人人尽责、人人享有的社会治理共同体为制度目标的整体性社会发展过程。在实践层面上，要推进市域社会治理能力现代化，就必须提升风险防控、舆论导控、群众工作、破解难题、资源整合、信息处理等六种能力[1]。此外，《法治社会建设实施纲要（2020—2025年）》也规定依法妥善处置涉及民族、宗教等因素的社会问题，促进民族关系、宗教关系和谐。为了达到这一要求，需要深入学习贯彻习近平法治思想和习近平总书记关于宗教工作法治化的重要论述，深刻把握新时代宗教工作法治化的重要意涵，坚持依宪依法保障宗教信仰自由，全面推进宗教

---

[1] 陈成文，陈静，陈建平．市域社会治理现代化：理论建构与实践路径．江苏社会科学，2020（1）：41-50．

工作法治化的实现途径①。

三是发挥人民团体和社会组织在法治社会建设中的作用。人民团体和社会组织的力量是巨大的，发挥人民团体和社会组织的力量。以人民团体和社会组织为重要主体之一的社会自治对法治具有积极作用，社会自治有助于社会领域的独立性，抑制国家权力的不当侵入，此外，社会自治影响法律治理的质量，社会自治及其组织化有助于发现社会的法律需要，形成有关法律调整的共同意志，能够有效影响立法过程，有助于立法真正体现大多数人民群众的共同需要，能够监督行政执法和司法活动，遏制法的实施过程中的腐败。同时，法对社会自治也存在促进作用。自治组织规范所涉及的事项中，如果有法律规定的，必须依照法律规定，法律所不涉及的问题，则可以有组织自主决定②。《法治社会建设实施纲要（2020—2025年）》规定人民团体要在党的领导下，教育和组织团体成员和所联系群众依照宪法和法律的规定，通过各种途径和形式参与管理国家事务，管理经济和文化事业、社会事务。同时，推动和支持志愿服务组织、行业协会商会、社区社会组织在创新基层社会治理中的积极作用，都体现了对人民团体和社会组织在法治社会建设作用中的高度重视。

四是增强社会安全感。加快对社会安全体系的整体设计和战略规划，贯彻落实加快推进社会治理现代化开创平安中

---

① 冯玉军. 全面推进新时代宗教工作法治建设. 中国宗教，2023（8）：45-47.

② 朱景文. 法理学.2版. 北京：中国人民大学出版社，2012：142-143.

国建设新局面的意见。完善平安中国建设协调机制、责任分担机制，健全平安建设指标体系和考核标准。2020年，工业和信息化部、应急管理部印发了《"工业互联网＋安全生产"行动计划（2021—2023年)》，提出到2023年底，工业互联网与安全生产协同推进发展格局基本形成，工业企业本质安全水平明显增强。一批重点行业工业互联网安全生产监管平台建成运行，"工业互联网＋安全生产"快速感知、实时监测、超前预警、联动处置、系统评估等新型能力体系基本形成，数字化管理、网络化协同、智能化管控水平明显提升，形成较为完善的产业支撑和服务体系，实现更高质量、更有效率、更可持续、更为安全的发展模式。此外，推动扫黑除恶常态化，依法严厉打击和惩治暴力伤害医务人员、破坏野生动物资源、暴力恐怖、黄赌毒黑拐骗、高科技犯罪、网络犯罪等违法犯罪活动，遏制和预防严重犯罪行为的发生。同时，强化突发事件应急体系建设，提升疫情防控、防灾减灾救灾能力。依法强化危害食品药品安全、影响生产安全、破坏交通安全等重点问题治理。健全社会心理服务体系和疏导机制、危机干预机制，建立健全基层社会心理服务工作站，发展心理工作者、社会工作者等社会心理服务人才队伍，加强对贫困人口、精神障碍患者、留守儿童、妇女、老年人等的人文关怀、精神慰藉和心理健康服务。最后，健全执法司法机关与社会心理服务机构的工作衔接，加强对执法司法所涉人群的心理疏导。推进"青少年维权岗""青少年零犯罪零受害社区（村）"创建，强化预防青少年犯罪工作的基层基础。

五是依法有效化解社会矛盾纠纷。我国已经建立多元化的纠纷解决方式。当代多元化纠纷解决机制必然是社会生成（自然形成）与国家理性建构相结合的产物。多元化纠纷解决机制的需求来源于社会，在进行理性建构时，往往会借用传统资源和形式，适应特定社会或社区公众的生活习惯以及精神和文化需求，同时加以现代的改造，以使其满足当代法治社会的需要。这种机制及具体制度的建构或改革，通常是通过局部的实践开始的。当经验积累达到一定程度之时，国家可以或者通过立法对其加以确认，进行合理的制度设计，或者通过政策对其加以推广。同时，当代世界不同的国家、文化之间的相互借鉴也是非常重要的，中国的诉讼调解和人民调解就为世界各国的司法和解及社区调解提供了丰富的经验。结合我国实践及未来发展目标，《法治社会建设实施纲要（2020—2025年）》指出要坚持和发展新时代"枫桥经验"，发挥人民调解的作用，加强调解仲裁，加强行政复议、行政调解和行政裁决的工作，加强全民守法，推动多层次多领域依法治理。

第五，依法治理网络空间。

网络空间不是法外之地。推动社会治理从现实社会向网络空间覆盖，建立健全网络综合治理体系，加强依法管网、依法办网、依法上网，全面推进网络空间法治化，营造清朗的网络空间。

一是完善网络法律制度。我们已经进入数字时代，人人都能够通过网络进行社交活动。网络信息技术的发展及商业模式的革新已经对基于现实物理空间而创制的法律规则和法律制度形成了前所有未的冲击与挑战，信息技术的高度时空压缩性改变了传统法律制度赖以运行的土壤根基，现有的法律规范对于网络社会公共场域之利益关系调整有诸多不适应、不符合之处，因此有必要从理论视角和实践层面认真审视中国互联网立法的发展现状与突出问题，根据网络信息技术架构与互联网运行逻辑建构完善信息时代的中国互联网立法体系架构①。《法治社会建设实施纲要（2020—2025 年）》指出，推动现有法律法规延伸适用到网络空间。完善网络信息服务方面的法律法规，完善《网络安全法》配套规定和标准体系，健全互联网技术、商业模式、大数据等创新成果的知识产权保护方面的法律法规。此外，积极参与数字经济、电子商务、信息技术、网络安全等领域国际规则和标准制定，增强我国在互联网行业的国际影响力。

二是培育良好的网络法治意识。网络法治意识是社会主义法律意识的重要组成部分。进入新时代，国家的信息化快速发展，数字中国数字经济建设全面推进，中央发布了多项重要文件，立法部门制定了多项法律法规。同时，新时代也从"依法治国"提升为"全面依法治国"，法治国家、法治政府、法治社会一体建设。这就要求广大党员干部和人民群众不断提高法治意识、增强法律素养，不仅是在传统物理空间，在网络空间也要尊法学法守法用法。这样的法律意识，日益成为网络空间的广泛共识和基本准则，社会主义法治精神在

① 黄志荣．中国互联网立法研究．北京：中共中央党校，2017：1-4.

网络空间得到全面彰显。全面提升全社会网络法律意识和素养，有特殊的任务和要求，也有特别的实现路径。重点是：提高网民的法治观念与网络法治宣传教育的全社会共同参与，网络法律法规全面普及，青少年网络法治教育和有效落实网络平台主体责任和行业自律。创新法学研究和教育，服务于互联网法治建设①。可以说，我国实践的发展正在朝着《法治社会建设实施纲要（2020—2025 年)》规定的坚持依法治网和以德润网相结合，弘扬时代主旋律和社会正能量等目标前进。

三是保障公民依法安全用网。牢固树立正确的网络安全观，依法防范网络安全风险。落实网络安全责任制，明确管理部门和网信企业的网络安全责任。建立完善统一高效的网络安全风险报告机制、研判处置机制，健全网络安全检查制度。加强对网络空间通信秘密、商业秘密、个人隐私以及名誉权、财产权等合法权益的保护。严格规范收集使用用户身份、通信内容等个人信息行为，加大对非法获取、泄露、出售、提供公民个人信息的违法犯罪行为的惩处力度。督促网信企业落实主体责任，履行法律规定的安全管理责任。健全网络与信息突发安全事件应急机制，完善网络安全和信息化执法联动机制。加强网络违法犯罪监控和查处能力建设，依法查处网络金融犯罪、网络诽谤、网络诈骗、网络色情、攻击窃密等违法犯罪行为。建立健全信息共享机制，积极参与国际打击互联网违法犯罪活动。

---

① 张新宝．网络法治意识和素养逐步提升 网络生态环境持续向好．news. cyol. com/gb/articles/2023－03/21/content_Ajan NouzLB. html.

（四）加快建设法治社会的途径方法

第一，增强领导干部依法办事的意识和能力。

党委高度重视是法治社会建设取得成效的关键因素。习近平总书记强调："各级党组织和党员、干部要强化依法治国、依法执政观念，提高运用法治思维和法治方式深化改革、推动发展、化解矛盾、维护稳定、应对风险的能力。"① 党政主要负责人要履行推进法治建设第一责任人职责，对法治建设重要工作亲自部署、重大问题亲自过问、重点环节亲自协调、重要任务亲自督办。具体来说：一要贯彻习近平法治思想和党的二十大精神。持续深化培训轮训，充分利用"三大阵地"，宣传展示习近平法治思想研究阐释、贯彻落实、事例总结、典型示范等成果。二要创新领导干部法治教育的机制方法。梳理领导干部法治教育的关键环节，总结制度机制、内容方法和平台载体建设等方面的创新经验，打造学法考法、旁听庭审和法治实践"三位一体"的精准化领导干部法治教育体系，建立领导干部应知应会法律法规、党内法规清单并完善配套制度。三要做好领导干部法治教育的顶层设计。建立完善领导干部法治教育规划体系、教育档案和跟踪、评估、反馈、运用机制，推动领导干部法治教育的规范化、系统化、长效化。四要加强领导干部法治教育的督导落实。推动述法民主测评与年终述职考核民主测评同步开展，实现述法与述

---

① 习近平.推进全面依法治国，发挥法治在国家治理体系和治理能力现代化中的积极作用.求是，2020（22）.

职有效衔接。对党政主要负责人履行推进法治建设第一责任人职责情况开展民主测评,并纳入全面依法治市(县)督察考核,细化考核标准,优化考核方式,落实考核结果运用,推动述、考、评、督、责各环节一体贯通、动态评估反馈。五要夯实落细法治社会建设各项部署。严格对标中央法治建设"一规划两纲要"和省区市法治建设"一规划两方案",提高政治站位,深入推进法治社会建设,强化工作措施,扎实推进基层治理、信访工作法治化,以良善之法管网治网,繁荣法学研究、夯实法学教育,健全完善公共法律服务体系。

第二,提升优化基层治理法治化水平。

基层是社会和谐稳定的基础,必须更加重视基层基础工作,充分发挥共建共治共享在基层的作用。一是着力提高基层社会治理法治化水平。坚持和发展新时代"枫桥经验",不断推动更多法治力量向引导和疏导端用力,将矛盾纠纷化解在基层,将和谐稳定创建在基层。既要抓末端、治已病,更要抓前端、治未病。二是鼓励社会组织、行业协会和社区乡村发挥基层治理中的积极作用。要大力发展专业化的调解组织,推动乡贤、能人和公益调解,并建立有效的诉调衔接机制;制定自治组织公约和社会规范,正确规范个人与集体、集体与国家、乡村(社区)与乡村(社区)之间的关系。三是提升普法宣传实效,创新普法宣传方式、内容和手段。坚持党委政府主导与各部门齐抓共管相结合,传统手段与现代传媒相结合,"面上宣传"与"精准滴灌"相结合。紧盯基层治理突出问题,针对党政干部、企业职工、青少年等人群,扎实抓好宪法民法等重要法律、日常生活有关法律、特殊人群权益保护法律等的普法工作，防范打击信息网络犯罪、涉黑涉恶犯罪等。树立基层干部群众的法治意识和法治素养，健全基层政府权责清单，建立基层干部考核制度，严格行政问责追责。要坚持和发展新时代"枫桥经验"，畅通和规范群众诉求表达、利益协调、权益保障通道，加强矛盾排查和风险研判，努力将矛盾纠纷化解在基层。

第三，全面建设社会主义法治文化。

社会主义法治文化是中国特色社会主义文化的重要组成部分，是社会主义法治国家建设的重要支撑。把建设社会主义法治文化作为建设中国特色社会主义法治体系、建设社会主义法治国家的战略性、基础性工作和建设社会主义文化强国的重要内容，切实提高全民族法治素养和道德素质，着力建设面向现代化、面向世界、面向未来的，民族的科学的大众的社会主义法治文化，为全面依法治国提供坚强思想保证和强大精神动力。

建设社会主义法治文化，就是要深入学习宣传贯彻习近平法治思想，完善中国特色社会主义法治理论，大力弘扬宪法精神，在法治实践中持续提升公民法治素养，推动中华法系的优秀传统法律文化创造性转化、创新性发展，繁荣发展社会主义法治文艺，加强社会主义文化阵地建设，加强法治文化国际交流。

第四，依法治理网络空间。

依法管网治网是法治社会建设的重点内容。既要尊重网民交流思想、表达意愿的权利，也要依法构建良好网络秩序，保障广大网民合法权益。强化网络安全建设的软硬件保障，加大网络执法力度，切实筑牢网络安全防线。推行网络空间治理行业准则。

一要制定网络立法规划，完善网络法律制度。针对当前网络立法周期过长、程序复杂、"法治"跟不上"网络"和"数字"发展的问题，围绕生成式人工智能、区块链、大数据应用等新兴技术，从中央到地方推进精准立法，降低法律成本。二要赋予网信部门执法权。针对不断迭代发展嬗变的网络数字技术和具有很强组织性、随机性、复杂性的各类风险，网络法治绝不能只管平台不管人，绝不能只有公安机关行使行政执法权，实现从"侧重于管平台"向"管平台和管人并重"、从公安机关执法向公安、网信联合执法转型。三要打造一支过硬的"网络铁军"。基层网信部门专业人才、技术系统、专业设备相对缺乏，制约了执法能力和水平。做强网信工作必然依靠高水平网络安全人才队伍，包括让熟悉网络运行规律、善用网络语言、精通网评技巧的人才占领网宣主战场，提升网评感染力；充实网络专业技术人员队伍，加强对互联网企业、网络直播从业人员的法治教育，落实"正能量"总要求。四要强化网络安全建设的软硬件保障。加大网络执法力度，切实筑牢网络安全防线。建议成立全国或跨区域的"公安＋国安＋网信"联合执法队伍，健全执法联动处置机制，解决好执法的壁垒，实现"管得住"的硬道理。五要推行网络空间治理行业准则。依托大数据优势摸清辖区内网络站点、网络公司等网络资产底数，实现动态分类管理，练就"用得好"的真本事。

第五，扎实推进信访工作法治化。

信访工作是党了解民情、集中民智、维护民利、凝聚民心的重要工作。

一是切实推动信访法治建设。落实"四个到位"要求（受理单位要分清性质、明确管辖，转办督办到位；职能部门要依照法律规定和程序按时处理到位；对滥用职权、玩忽职守的公职人员，要坚决问责到位；对扰乱社会秩序的违法犯罪行为，要及时依法查处到位），依法解决信访问题，防范化解风险隐患。

二要从严部署落实，促进信访工作和信访秩序双向规范。规范信访工作要完善信访受理、办理及终结等制度，制定贯彻方案、广泛深入宣传、完善体制机制、加强督促检查等环节环环相扣，明确责任、制定规则、分类处理、强化评估、动态清理、总量控制，解决多头信访、缠访闹访等问题；规范信访秩序要加大依法处置力度，严厉打击采取极端手段制造影响、严重扰乱社会秩序和机关办公秩序的违法犯罪行为，提升依法治访质效。

三是优化信访信息筛查系统。《信访工作条例》规定："信访事项已经受理或者正在办理的，信访人在规定期限内向受理、办理机关、单位的上级机关、单位又提出同一信访事项的，上级机关、单位不予受理。"但是，由于信息系统不够优化，重复受理一些正在办理或已作处理答复的信访问题，推高了处理成本，所以要进一步优化信访系统，通过平台有效减少重复信访问题。

第六，组织保障。

一是强化组织领导。我国《宪法》第 1 条规定："中国共产党领导是中国特色社会主义最本质的特征。"党的领导是全面推进依法治国、加快建设社会主义法治国家最根本的保证。地方各级党委要落实推进本地区法治社会建设的领导责任，推动解决法治社会建设过程中的重点难点问题。地方各级政府要在党委统一领导下，将法治社会建设摆在重要位置，纳入经济社会发展总体规划，落实好法治社会建设各项任务。充分发挥基层党组织在法治社会建设中的战斗堡垒作用。《法治社会建设实施纲要（2020—2025 年）》也提出各级党委应当在社会主义现代化事业当中发挥重要作用。

二是加强统筹协调。坚持法治社会与法治国家、法治政府建设相协调，坚持法治社会建设与新时代经济社会发展、人民日益增长的美好生活需要相适应。地方各级党委法治建设议事协调机构要加强对本地区法治社会建设统筹谋划，形成上下协调、部门联动的工作机制。充分调动全社会各方力量采取多种形式参与法治社会建设，进一步发挥公民、企事业单位、人民团体、社会组织等在推进法治社会建设中的积极作用，形成法治社会建设最大合力。

三是健全责任落实和考核评价机制。建立健全对法治社会建设的督促落实机制，确保党中央关于法治社会建设各项决策部署落到实处。充分发挥考核评价对法治社会建设的重要推动作用，制定法治社会建设评价指标体系。健全群众满意度测评制度，将群众满意度作为检验法治社会建设工作成效的重要指标。

四是加强理论研究和舆论引导。在互联网时代，舆论往往有着巨大的力量。在传播学中，公众舆论并非完全理性，因此需要加以引导。《法治社会建设实施纲要（2020—2025年)》提出加强舆论引导，充分发挥先进典型的示范带动作用，凝聚社会共识，营造全民关心、支持和参与法治社会建设的良好氛围。适时发布法治社会建设白皮书。要加强中国特色社会主义法治理论与实践研究，为法治社会建设提供学理支撑和智力支持。同时，充分发挥高等学校、科研院所等智库作用，大力打造法治社会建设理论研究基地。

总体而言，持续推进社会治理创新，坚持弘扬法治精神和法治理念，发展全过程人民民主，以法治和德治相结合、国家立法和党内法规相统一的形式引领社会主义核心价值观入法入规，丰富人民精神世界，建构充满活力的政党民族宗教阶层关系，打造共建共治共享的社会治理格局，实现社会和谐安定有序，已经成为建设更高水平法治社会的核心共识。

二、坚持依法治国和以德治国相结合

法律和道德都具有规范社会行为、调节社会关系、维护社会秩序的作用，是法治社会建设的关键内容，在国家治理中具有重要地位和功能。法律有效实施有赖于道德支持，道德践行也离不开法律约束。法治和德治不可分离、不可偏废。习近平总书记指出，中国特色社会主义法治道路的一个鲜明特点，"就是坚持依法治国和以德治国相结合，强调法治和德治两手抓、两手都要硬"①。从法哲学角度讲，一方面，法律使人们对待社会道德问题更加客观，增加了道德的理性；另一方面，道德使法律更善，增加了法律的德性。依法治国和以德治国相结合的理论既是对我国古代治国理政经验智慧的传承，也是共产党人长期推进社会主义法治国家建设的经验总结，既是"法治"和"德治"内在功能关联的必然要求，也是推进全面依法执政实践的现实诉求。党的二十大报告提出"坚持依法治国和以德治国相结合，把社会主义核心价值观融入法治建设"。新时代新征程上，我们要通过弘扬社会主义法治精神，传承中华优秀传统法律文化，加快建设法治社会，推动中华法系的优秀思想和理念实现创造性转化、创新性发展，把社会主义核心价值观融入法治建设全过程，加强以社会主义核心价值观为基础的公民道德建设，做到法治和德治相辅相成、相互促进。

（一）礼法并重、德法合治是中国悠久且有效的治理传统

古往今来，法治和德治都是治国理政不可或缺的重要手

---

① 习近平. 习近平谈治国理政：第2卷. 北京：外文出版社，2017：134.

段。我国历史上有十分丰富的礼法并重、德法合治思想。周公主张"明德慎罚""敬德""保民"。孔子提出"为政以德"，强调"道之以政，齐之以刑，民免而无耻。道之以德，齐之以礼，有耻且格"。荀子主张"化性起伪"，提出"隆礼重法"。西汉董仲舒提出"阳为德，阴为刑"，主张治国要"大德而小刑"。

魏晋南北朝时期的法典编纂重视身份秩序，将儒家典籍中诸如"八议""官当""准五服以制罪"等制度设计纳入法典成为正式的法律原则，促进了中华法系"礼法合一"模式的形成，为隋唐法典成熟期的"一准乎礼"奠定了基础。

尽管古人对德法的地位和作用的认识不尽相同，但绝大多数都主张德法并用。治理国家，不能一味地严刑峻法，以"杀"止杀，刑事法律规范的规定必须以道德规范为基础，并按照伦理道德原则来评价立法、司法和执法的优劣。以道德调整为主，以法律（刑罚）调整为辅，从而维护善良淳朴的社会秩序。

通观我国古代历史，法治和德治运用得当的时期，大多能出现较好的治理和发展局面。国外也是这样，凡是治理比较有效的国家，都注重法治，同时注重用道德调节人们的行为。中国封建王朝始终采取"德主刑辅"的调整模式，正所谓"德礼为政教之本，刑罚为政教之用，犹昏晓阳秋相须而成者也"。礼有治国、理家、律己的功能，礼刑结合、儒法会通，成为中国古代社会长治久安、国家治理的关键。

（二）德法兼治是中国共产党人长期推进社会主义法治国家建设的经验总结

中华人民共和国成立之初，以毛泽东同志为主要代表的中国共产党人就开启了法制建设探索，并于1954年制定了我国第一部宪法，为依法治国奠定基础的同时，还要求用革命理论和高尚的道德理念教育人民。以邓小平同志为主要代表的中国共产党人高度重视社会主义法制建设，不断发展完善民主法制建设的同时，高度重视社会主义精神文明建设，提出了"两手抓，两手都要硬"的重要思想。

以江泽民同志为主要代表的中国共产党人明确提出依法治国方略，提出依法治国和以德治国的发展方针。胡锦涛同志多次强调依法治国和以德治国要相辅相成，"要坚持把依法治国和以德治国结合起来，不断加强全民族的思想道德建设，促进依法治国基本方略的实施"①。

2016年12月，习近平总书记在中央政治局第三十七次集体学习时突出强调，把法治中国建设好，必须坚持依法治国和以德治国相结合，使法治和德治在国家治理中相互补充、相互促进、相得益彰，推进国家治理体系和治理能力现代化。

（三）德法兼治是"德治"和"法治"内在功能关联的必然要求

其一，德治对法治有支撑作用。法治的权威和信念源自

---

① 中共中央文献研究室．十六大以来重要文献选编：上．北京：中央文献出版社，2005：73.

人们对法治所蕴含的价值观的高度认同，只有在道德认知与道德情感的共同作用下，才能在人民心中建立和强化法治信念。实践证明，道德觉悟和法律意识是同向同行，成正相关的。

其二，法治对道德建设有保障作用。道德作为法律之上的规范，不具有强制力，因此仅靠人的精神境界实现自我约束，难以在人的思想中形成强有力的约束力，这就需要法律的"强制性"保驾护航。将一些社会能够普遍接受的道德准则以法律法规的形式体现，是提高全社会道德水准的重要经验。借助法的力量，能将社会生活中最需要推行的道德观上升为体现国家意志的法律，并依靠国家强制力在社会生活中推行。

其三，要实现法治和德治相得益彰。法是他律、德是自律，需要二者并用。因此，我们必须坚持一手抓法治、一手抓德治，既重视发挥法治的规范作用，又重视发挥道德的教化作用，以法治体现道德理念、强化法律对道德建设的促进作用，以道德滋养法治精神、强化道德对法治文化的支撑作用，实现法治和德治相得益彰。

习近平总书记强调指出："法律是准绳，任何时候都必须遵循；道德是基石，任何时候都不可忽视。"[1] "法律是成文的道德，道德是内心的法律。法律和道德都具有规范社会行为、调节社会关系、维护社会秩序的作用，在国家治理中都有其地位和功能。法安天下，德润人心。法律有效实施有赖于道

---

[1]　习近平．习近平谈治国理政：第 2 卷．北京：外文出版社，2017：133.

德支持，道德践行也离不开法律约束。法治和德治不可分离、不可偏废，国家治理需要法律和道德协同发力。"①

（四）德法兼治是推进全面依法治国实践的现实诉求②

其一，能通过法治手段解决道德领域突出问题。习近平总书记曾突出强调，要运用法治手段解决道德领域突出问题。从根本上解决现存的诸多社会道德问题和法治乱象，需要我们将法治和德治接轨，二者相融，既重视发挥法律的规范作用，又重视发挥道德的教化作用，大力弘扬社会主义核心价值观，弘扬中华传统美德，更好地以道德滋养法治精神，为依法治国创造良好的人文环境。

其二，能促进全民提高法治意识和道德自觉。2016 年12 月，习近平总书记在中央政治局第三十七次集体学习时指出，要提高全民法治意识和道德自觉。法治意识主要表现为整个社会对法律至上地位的普遍认同和坚决支持，道德自觉是指对于时代的伦理使命和教化责任要有深切认同和自觉担当。提高法治意识和道德自觉，是全面推进依法治国，遵守"法治"和"德治"内生规律，实现德法兼治的基本要求。

其三，能发挥领导干部在全面依法治国中的关键作用。领导干部既应该做全面依法治国的重要组织者、推动者，也

---

① 习近平．习近平谈治国理政：第 2 卷．北京：外文出版社，2017：133.

② 田训龙．德法兼治是推进全面依法治国的重要原则．http://www.china.com.cn/opinion/theory/2017－09/22/content_41631414.htm.

应该做遵德守法的积极倡导者、示范者。因此领导干部要带头学法、模范守法、以德修身、以德立威、以德服众，做到德法兼修，以实际行动带动全社会崇德向善、尊法守纪，切实发挥在推进全面依法治国进程中的关键作用。

三、加强社会主义法治文化建设

习近平关于法治文化建设的重要论述是新时代中国特色社会主义文化建设的重要内容，是实现党的领导、人民当家作主、依法治国有机统一的文化基础，也是实现法治国家、法治政府和法治社会一体建设的文化基础。

（一）挖掘和传承中华法律文化精华

中华优秀传统法律文化蕴含着中华民族绵延几千年的文明智慧和文化底蕴。先秦时期，法家主张"以法治国"，春秋战国时期出现了成体系的成文法典；汉唐时期形成了比较完备的法典，唐律更是广泛影响东亚。中华文化的精神观念、文明理念熔铸在传世法典之中，古代法制蕴含着十分丰富的智慧和资源，中华法系源远流长、灿烂辉煌，在世界几大法系中独树一帜。要注意研究我国古代法制传统和成败得失，挖掘和传承中华法律文化精华，汲取营养、择善而用①。当前

---

① 习近平.加快建设社会主义法治国家.求是，2015（1）.

迫切需要挖掘传承的传统文化渊源包括：

一是德治与法治相互融合的文化渊源。法律是成文的道德，道德是内心的法律，法律和道德都具有规范社会行为、维护社会秩序的作用。治理国家、治理社会必须一手抓法治、一手抓德治，既重视发挥法律的规范作用，又重视发挥道德的教化作用，实现法律和道德相辅相成、法治和德治相得益彰。

二是党规党纪严于国家法律的文化渊源。党规党纪与国家法律都是社会主义法治体系的重要组成部分，处理好二者关系对治国理政意义重大。中国共产党是中国人民和中华民族的先锋队，是中国特色社会主义的领导核心，代表中国先进生产力的发展要求和先进文化的前进方向，吸收中国先贤高度重视道德修养，强调"善为国者必先治其身"的治道传统，明确要求"党规党纪严于国家法律，党的各级组织和广大党员干部不仅要模范遵守国家法律，而且要按照党规党纪以更高标准严格要求自己"①。

三是家庭、家教、家风问题的文化渊源。习近平总书记在2015年春节团拜会上指出，"家庭是社会的基本细胞，是人生的第一所学校"，"要重视家庭建设，注重家庭、注重家教、注重家风，紧密结合培育和弘扬社会主义核心价值观，发扬光大中华民族传统家庭美德"。"我们要重视家庭文明建设，努力使千千万万个家庭成为国家发展、民族进步、社会和谐的重要基

---

① 中共中央文献研究室．十八大以来重要文献选编：中．北京：中央文献出版社，2016：178.

点，成为人们梦想启航的地方。"① 这些论述，要求重视家庭的法律保护和法治文化建设，同时将现代法治社会的伦理规范融入其中，为我国法治文化建设的推进拓展了新的道路，提出了新的要求。

（二）继承革命法律文化

党的十九大报告指出，继承革命文化，发展社会主义先进文化，不忘本来、吸收外来、面向未来。中国共产党在革命战争时期形成的法律思想、创建的法律制度，是革命文化的重要组成部分，它正是中国特色社会主义法治的"本来"，也是不断完善当代中国法治建设的"营养剂"。革命法律文化是半个多世纪前在特定的历史条件下形成的，我们一方面应纠正对它的各种误读，另一方面需要基于现代法治精神，更好地实现其创造性转化，这是走中国特色社会主义法治道路的内在要求。这种继承包括如下几个原则性特征：

第一，坚持党对政法工作的绝对领导。各级政法机关要做到以下几点：一是加强政治建设，通过学习和贯彻党规国法，加强政法文化建设，增强"四个意识"，坚定"四个自信"，做到"两个维护"，坚决听从党中央指挥，坚决贯彻党中央决策部署。二是加强能力建设，按照习近平总书记关于新时代政法工作的重要思想的要求，强化忧患意识，提高政治警觉，增强工作预见性，全面提升防范应对各类风险挑战

---

① 习近平．习近平谈治国理政：第2卷．北京：外文出版社，2017：353．

的水平；加强过硬队伍建设，深化智能化建设，严格执法、公正司法，在党委的统一领导下，切实履行好维护国家安全和社会安定的重大使命，形成风清气正的政法组织生态。三是加强作风建设。习近平总书记在 2014 年中央政法工作会议上指出，"'公生明，廉生威。'要坚守职业良知、执法为民，教育引导广大干警自觉用职业道德约束自己"，"要靠制度来保障，在执法办案各个环节都设置隔离墙、通上高压线，谁违反制度就要给予最严厉的处罚，构成犯罪的要依法追究刑事责任"。四是加强党对法治宣传工作的领导。"随着形势发展，党的新闻舆论工作必须创新理念、内容、体裁、形式、方法、手段、业态、体制、机制，增强针对性和实效性。要适应分众化、差异化传播趋势，加快构建舆论引导新格局。"①五是加强党对法治文艺创作的领导。寓法治教育于文艺作品之中，依法保护文艺作品的创作与传播，提高法治文化工作的社会效果。

第二，坚持以人民为中心，把人民群众当作法律价值的依归和法律真正的主人。党领导下的法治建设，离不开人民群众的朴素经验与实践智慧。马锡五审判方式就是司法结合人民群众智慧的反映，也是"以人为本""以和为贵"传统文化的体现。当下的法治建设，同样离不开以人民为中心思想的指引，要体现人民对法治理想的追求，体现法治保护人民权益的基本精神。

---

① 习近平. 习近平谈治国理政：第 2 卷. 北京：外文出版社，2017：333.

第三，坚持实事求是，注重问题导向。谢觉哉在总结新民主主义司法时说：我们是和群众结合的司法，"条文不是第一，第一是群众的实际；经验不是第一，第一是到实际去获得新经验；形式（组织、手续法等）不是第一，第一是能解决问题"①。现代法律，特别是司法强调"形式理性"，要求对法律条文采取"教义"式的严格解释，这是法治的必然要求。但在民事领域，特别是邻里纠纷、家庭矛盾等诉讼及调解中，还是应该更多地运用实践智慧，以解决问题、修复社会关系作为指向。

第四，坚持引领社会进步的法治精神。无论是立法，还是审判与调解，革命法治并不是无原则地迁就落后的习俗，而是始终在以进步的理念引领社会。更好地发挥法律正人心、正天下的作用，仍然是法治中国建设面临的长期任务。

（三）借鉴国外法治文化合理元素

我们要学习借鉴世界上优秀的法治文明成果。坚持以我为主、为我所用，认真鉴别、合理吸收，不能搞"全盘西化"，不能搞"全面移植"，不能照搬照抄②。应加强对当代世界各国特别是西方发达国家的法治经验和理论的比较研究，合理提取具有普遍价值、体现法治发展潮流的法治话语、法治技术、法治思想。

近代以来，西方国家借助于其在国际经济、政治、文化、

① 谢觉哉.谢觉哉日记：上卷.北京：人民出版社，1984：557.
② 习近平.加快建设社会主义法治国家.求是，2015（1）.

科技等领域的强势地位，通过主导建立国际组织，掌控"文明标准"的判断权，提出的"欧洲中心论"和"文明等级论"，在相当程度上主导了国际法秩序并形成相应的国际法治文化。2017 年 1 月 18 日，习近平主席在联合国日内瓦总部演讲时指出，"不同历史和国情，不同民族和习俗，孕育了不同文明，使世界更加丰富多彩。文明没有高下、优劣之分，只有特色、地域之别。文明差异不应该成为世界冲突的根源，而应该成为人类文明进步的动力"。2014 年，习近平主席在联合国教科文组织总部演讲时提出："我们应该推动不同文明相互尊重、和谐共处，让文明交流互鉴成为增进各国人民友谊的桥梁、推动人类社会进步的动力、维护世界和平的纽带。"

习近平关于法治文化建设的重要论述体现了"文明互鉴论"，是世界法治文化理论的重大进展。这是促进世界永久和平的精神基石，是推动人类文明进步和世界和平发展的新动力，也为以"文化多样性"为价值理念的国际法规则重构提供了广阔空间。

（四）建设社会主义先进法治文化

社会主义法治文化是与我国社会主义初级阶段基本国情相适应、与中国特色社会主义制度相统一，经由中华优秀传统文化涵育而成的法治文化。它包括法治理念、法治思想、法治原则、法治精神、法治价值等精神文明成果以及相关制度与实践。党的十八届四中全会通过的《中共中央关于全面推进依法治国若干重大问题的决定》指出，"必须弘扬社会主义法治精神，建设社会主义法治文化"。党的十九大报告提出："加大全民普法力度，建设社会主义法治文化，树立宪法法律至上、法律面前人人平等的法治理念。"新时代的社会主义法治文化现了人民主体性、历史传承性、体系开放性和发展渐进性等鲜明特征，对于法治中国建设具有基础性作用和持久性功效。

建设社会主义法治文化的主要内容包括：第一，坚持马克思主义在意识形态领域指导地位的根本制度。这集中体现了我们党在领导文化建设长期实践中积累的成功经验，充分反映了以习近平同志为核心的党中央对社会主义文化建设规律的认识进入了一个新的境界。习近平总书记指出，我们要增强政治自觉和思想自觉，强化制度意识、抓好制度执行，切实把这一根本制度体现到坚持正确的政治方向、舆论导向、价值取向上，落实到工作理念、思路、举措上，努力在守正创新中推动社会主义文化繁荣兴盛[①]。为此还要制定完善意识形态相关法律和党内法规，推进马克思主义意识形态阵地法治化。第二，健全人民权益保障的文化法治制度与法治文化制度。依托公共文化服务体系积极开展法治宣传教育工作，实现我国文化法治建设和法治文化建设的快速发展。第三，建立健全"把社会效益放在首位、社会效益和经济效益相统一"的法治文化建设体制机制。

建设社会主义法治文化的重要意义有：第一，能够强化

---

① 黄坤明. 坚持马克思主义在意识形态领域指导地位的根本制度（深入学习贯彻党的十九届四中全会精神）. 人民日报，2019-11-20（6）.

人们的法治信仰、法治观念和法治习惯，为法治中国建设夯实重要人文基础，提供强大精神动力和价值支撑。第二，是提高国家治理能力的内在要求。有助于领导干部运用法治思维进行决策、采取法治办法推进工作、运用法律手段解决矛盾纠纷，不断提高治理能力和治理水平。第三，是营造尊法学法守法用法良好社会氛围的前提。有助于激发人们投身依法治国实践的热情和信心，夯实法治中国建设的社会基础。

（五）加大全民普法力度，提升法学理论水平[①]

社会主义法治文化建设是一项春风化雨、润物无声的长期工程，离不开坚持不懈的努力、持之以恒的积累。要大力弘扬法治精神，加大全民普法力度，牢固树立宪法法律至上、法律面前人人平等的理念，努力形成崇尚宪法、维护法律的良好风尚。不断加强法治理论系统性研究，厘清法治精神的丰富内涵、生成机制和运行逻辑，厚植法治精神赖以生长的文化土壤，充分发掘我国传统法治文化中的优质资源，推动法治精神时代化、民族化。领导干部要不断强化法治思维，时刻将自己置于法律之下，牢记法律赋予的职责，切实做到法定职责必须为、法律禁止不可为；广大群众要养成学法守法、崇德向善、明理知耻的文明习惯，让法治精神牢牢扎根于心灵深处。全体社会成员都要不断坚定法治信仰，把宪法和法律视作神圣不可侵犯的戒条，杜绝以言代法、以权压法、

---

① 刘金祥.建设新时代社会主义法治文化.人民日报，2018-03-16（7）.

逐利违法、徇私枉法，把对宪法和法律的崇尚和敬畏作为修身理政、立言立行的标尺，将法治信仰融入精神世界、价值观念、生活方式，让法治成为规范行为的强大力量。

四、社会主义核心价值观全面融入法治建设

（一）社会主义核心价值观融入法治建设的重大意义

社会主义核心价值观融入法治建设，是维护社会主义意识形态安全的必然要求，有助于发挥社会主义法治在凝魂聚气、强基固本中的独特作用；是坚持依法治国与以德治国相结合的内在需要，有助于用道德涵养法律，用德治润泽法治，可以为全面依法治国创造良好人文环境，让法治更加深入人心；是实现良法善治的必由之路，有助于以道德理念锤炼良法，以美德义行催生善治；是加强社会主义核心价值体系建设的重要途径，把社会主义核心价值观转化为刚性的法律约束和柔性的法理指引，有助于形成培育和践行社会主义核心价值观的法治环境，更好地构筑中国精神、彰显中国价值、凝聚中国力量；是巩固全党全国各族人民团结奋斗的共同思想道德基础，有助于为实现中华民族伟大复兴的中国梦提供强大的价值引导力、文化凝聚力和精神推动力；是铸牢中华民族共同体意识的关键一招，有助于强化中华民族共同体意识，构建平等团结互助和谐的社会主义民族关系。

(二) 推进社会主义核心价值观入法

法律法规体现鲜明价值导向，社会主义法律法规直接影响人们对社会主义核心价值观的认知认同和自觉践行。2014年2月24日，习近平总书记在主持第十八届中央政治局第十三次集体学习时强调，"要把社会主义核心价值观的要求转化为具有刚性约束力的法律规定，用法律来推动核心价值观建设"。中共中央办公厅、国务院办公厅印发的《关于进一步把社会主义核心价值观融入法治建设的指导意见》作了具体部署，"要坚持法治宣传教育与法治实践相结合，建设社会主义法治文化，推动全社会树立法治意识、增强法治观念，形成守法光荣、违法可耻的社会氛围，使全体人民都成为社会主义法治的忠实崇尚者、社会主义核心价值观的自觉践行者"。

社会主义核心价值观融入法治建设的要义：弘扬宪法权威、加强宪法宣传是基本前提；在坚持历史唯物主义和辩证唯物主义思想的基础上，以社会主义核心价值观作为制定、修改、废除法律法规规章的指导思想是主要途径；党和政府率先垂范，坚持依法执政、依法行政是关键环节；建设公正高效权威司法制度是重要保障；坚持立德树人、德法兼修的原则，培养法学理论和法律实务人才是基础抓手；让核心价值观成为全社会共同道德追求，让守法成为全民真诚信仰是思想基础。

(三) 推进社会主义核心价值观入规

邓小平同志曾指出："国要有国法，党要有党规党法。党章是最根本的党规党法。没有党规党法，国法就很难保障。"①
作为执政党，必须加强党内法规制度建设，完善党内法规制
定体制机制，形成配套完备的党内法规制度体系，从政治生
活的方方面面严格约束党员领导干部，倡导法治精神，推动
法治精神内化于心、外化于行，构成促使党员干部自觉推动
法治建设的硬约束。用党规党纪规范和约束党员干部手中的
权力，实际上是在用法律约束权力之外又增加了一道约束，
有助于更好地把权力关进制度的笼子。

　　党规党纪既是管党治党的重要依据，也是建设社会主义法
治国家的有力保障。推进社会主义核心价值观入规，就是将其
全方位、无死角地融入党内法规体系。以党章为根本遵循，完
善党内法规，健全制度保障，构建起配套完备的党内法规制度
体系，推动党员干部带头践行社会主义核心价值观。把从严治
党实践成果转化为道德规范和纪律要求，做到依规治党和以德
治党相统一，充分展现共产党人高尚思想道德情操和价值追求。

（四）社会主义核心价值观引领和融入法治文化建设

　　文化法治是文化建设的法治基础，承载着以法律制度引
领、规范和保障法治文化建设的重要职能。2018 年，中共中
央印发的《社会主义核心价值观融入法治建设立法修法规划》
明确要求：一是发挥先进文化育人化人作用，建立健全文化
法律制度；二是加强道德领域突出问题专项立法，把一些基

---

　　①　邓小平. 邓小平文选：第 2 卷. 2 版. 北京：人民出版社，1994：147.

本道德要求及时上升为法律规范。

社会主义核心价值观融入法治文化建设的途径主要有以下四个方面：一是社会主义司法文化建设。社会主义核心价值观是社会主义司法文化的灵魂。司法机关要以社会主义核心价值观引领司法文化建设，认真贯彻落实坚持依法治国和以德治国相结合的要求，加强社会主义核心价值观、人民司法优良传统、法官职业道德教育，打牢干警公正廉洁司法的思想道德基础。

二是社会主义执法文化建设。国家机关及其工作人员执法，必须遵循有权必有责、用权必担责、滥权必追责的工作原则。行政执法部门要坚持严格执法、平等执法、公正执法的理念，建立健全行政执法责任制以及执法监督、制约机制，使行政执法人员的执法行为受到全方位、全过程的监督。

三是社会主义廉政文化建设。习近平总书记强调，要着力净化政治生态，营造廉洁从政良好环境。严惩腐败分子是保持政治生态山清水秀的必然要求。廉政文化建设要求广大党员干部尤其是领导干部在思想上，把国家的法律、法规、党纪看作不可触碰的高压线；在廉政实践中，做到违反规章、法纪的事不做，违反规章、法纪的话不说，严于律己，遵章执政；在廉政制度和廉政环境的建设上，把权力关进制度的笼子，形成不敢腐的惩戒机制、不能腐的防范机制、不易腐的保障机制。

四是社会主义守法文化建设。党的十九大报告提出："各级党组织和全体党员要带头尊法学法守法用法，任何组织和个人都不得有超越宪法法律的特权，绝不允许以言代法、以权压法、逐利违法、徇私枉法。"不仅仅是公民要遵守法律，国家在行使公权力时，也应当遵守法律的规定。

第七章 ···

新时代中国的涉外法治

7

新时代中国的涉外法治

习近平总书记指出，要坚持统筹推进国内法治和涉外法治。要加快涉外法治工作战略布局，协调推进国内治理和国际治理，更好维护国家主权、安全、发展利益。要强化法治思维，运用法治方式，有效应对挑战、防范风险，综合利用立法、执法、司法等手段开展斗争，坚决维护国家主权、尊严和核心利益。要推动全球治理变革，推动构建人类命运共同体。作为 21 世纪马克思主义法治理论，习近平法治思想不仅系统阐释了中国特色社会主义法治建设规律，提出了全面依法治国的总目标总抓手和重点任务，而且站在世界历史和全球视野的高度，借鉴吸收人类法治文明有益成果，深刻把握人类政治文明发展趋势，及时回应世界之变带来的全球法治问题，提出共商共建共享的全球治理观，推动构建人类命运共同体，为发展中国家法治现代化提供了中国经验，为人类政治文明进步贡献了中国智慧，为全球治理体系变革提供了中国方案。

一、为人类政治文明进步贡献中国智慧

（一）法治是人类政治文明的重要成果

文明是人类社会发展到一定阶段的历史产物，是人类所创造的物质成果、制度成果和精神成果的总和。政治文明是人类文明的一种重要表现形态，法治文明是政治文明的重要组成部分。

从世界历史看，国家强盛往往同法治相伴而生。"三千多年前，古巴比伦国王汉谟拉比即位后，统一全国法令，制定人类历史上第一部成文法《汉谟拉比法典》，并将法典条文刻于石柱，由此推动古巴比伦王国进入上古两河流域的全盛时代。德国著名法学家耶林说，罗马帝国三次征服世界，第一次靠武力，第二次靠宗教，第三次靠法律，武力因罗马帝国灭亡而消亡，宗教随民众思想觉悟的提高、科学的发展而缩小了影响，惟有法律征服世界是最为持久的征服。"①

法治是人类政治文明进步的标志和社会治理的基本手段，是近代以来政治、经济和社会文明发展的制度成果形态。习近平总书记提出"法治是人类政治文明的重要成果"②的重大命题，强调现代化与法治密切相关，法治化是国家现代化的内在要求。人类政治文明发展与法治发展内在联结，现代化与法治相互依存、不可分割。

法治是规则之治。在现代社会，法治是以和平理性的方式实现国家和社会治理的最佳途径和有效方式。法治把国家和社会生活纳入法治轨道，借以形成有序、稳定、可靠、巩固的法治秩序，从而达到国家和社会有效治理的预期目标。

（二）深刻揭示世界法治文明发展规律

新时代中国特色社会主义法治理论——习近平法治思想坚

---

① 中共中央宣传部，中央全面依法治国委员会办公室．习近平法治思想学习纲要．北京：人民出版社，2021：99.

② 习近平．论坚持全面依法治国．北京：中央文献出版社，2020：183.

持运用马克思主义唯物史观的基本原理，深刻揭示世界历史进程中法治文明发展的多样性规律和交流互鉴规律，为全球化时代世界法治文明发展指明了方向。

第一，法治文明发展的多样性规律。习近平法治思想的深刻之处，就在于把握世界法治文明发展进程在不同的民族、国家和地区所呈现出来的不同历史特点，深入阐发世界法治文明发展多样性原理。习近平总书记强调，人类文明多样性是世界的基本特征，也是人类进步的源泉。"阳光有七种颜色，世界也是多彩的。一个国家和民族的文明是一个国家和民族的集体记忆。人类在漫长的历史长河中，创造和发展了多姿多彩的文明。"① 人类社会中的每一种文明，都深深扎根于本民族本国度的社会土壤之中。"世界上不存在完全相同的政治制度，也不存在适用于一切国家的政治制度模式。"② 因此，由不同的国情条件所决定，必然形成不同的政治和法治发展道路，设计和发展出多样的政治制度和法治体系，从而催生出各具特质的法治文明系统。

第二，法治文明发展的交流互鉴规律。人类文明的多样性，决定了文明交流互鉴的内在必然性，而文明的交流互鉴又使人类文明发展进程充满生机和活力。习近平总书记以海纳百川的博大胸襟，大力倡导推动文明交流互鉴，指出：

---

① 习近平. 论坚持推动构建人类命运共同体. 北京：中央文献出版社，2018：76-77.

② 习近平. 在庆祝全国人民代表大会成立 60 周年大会上的讲话. 北京：人民出版社，2014：16.

"文明因交流而多彩，文明因互鉴而丰富。文明交流互鉴，是推动人类文明进步和世界和平发展的重要动力。"① 推动文明交流互鉴，必须秉持文明的多样性理念，人类文明因多样才有交流互鉴的价值；必须恪守文明的平等原则，各种人类文明在价值上是平等的，文明没有高下、优劣之分，只有特色、地域之别；必须提倡文明的包容精神，每一种文明都是独特的，一切文明成果都值得尊重和珍惜。因此，推进人类各种文明兼容并蓄、交流交融、互学互惠，是人类文明发展进步的必由之路。"就法治问题开展交流，相互借鉴，共同提高"②，是当今世界文明交流互鉴的一个重要领域。

（三）锤炼人类社会共同价值

中华文明自古就秉持"天下太平""世界大同""协和万邦"等理念，憧憬"大道之行也，天下为公"的美好世界。党的二十大报告指出："中国式现代化是走和平发展道路的现代化。我国不走一些国家通过战争、殖民、掠夺等方式实现现代化的老路，那种损人利己、充满血腥罪恶的老路给广大发展中国家人民带来深重苦难。我们坚定站在历史正确的一边、站在人类文明进步的一边，高举和平、发展、合作、共赢旗帜，在坚定维护世界和平与发展中谋求自身发展，又以

---

① 习近平. 论坚持推动构建人类命运共同体. 北京：中央文献出版社，2018：76.

② 同①237.

自身发展更好维护世界和平与发展。"[①]

各个文明系统虽处在不同时间和空间条件下，但无疑都存在着某些相通相近的价值因素。习近平总书记以天下为公的远见卓识，对人类文明发展进程所积淀下来的共同价值进行提炼和概括，精辟阐述了人类社会的共同价值。他指出，"和平、发展、公平、正义、民主、自由，是全人类的共同价值"[②]。和平与发展是我们的共同事业，公平与正义是我们的共同理想，民主与自由是我们的共同追求，昭示出人类政治文明发展的美好未来。

这一全人类共同价值观是习近平总书记对人类社会交往活动的理性总结。千百年来，企求和平，实现发展，促进公平，伸张正义，建设民主，保障自由，是人类文明发展进步的不懈追求，也是人类的共同愿望。和平与发展是当今世界的时代主题；公平和正义是衡量和评价社会文明进步程度的基本价值尺度，也是全人类共同追求的价值理念；民主和自由是全人类共同追求的重要政治价值，必须在尊重国家主权与不干涉内政的前提下维护和促进民主和自由。因此，将和平、发展、公平、正义、民主、自由锤炼为全人类的共同价值，无疑顺应了人类文明进步和世界和平发展的历史趋向，体现了全人类的共同价值关切。

---

① 习近平. 高举中国特色社会主义伟大旗帜 为全面建设社会主义现代化国家而团结奋斗：在中国共产党第二十次全国代表大会上的报告. 北京：人民出版社，2022：23.

② 习近平. 论坚持推动构建人类命运共同体. 北京：中央文献出版社，2018：253.

这一全人类共同价值观体现了习近平总书记对当今国际关系状况的深刻反思。当今世界充满着不确定性，人类面临的挑战层出不穷，各种风险日益增多。习近平总书记以历史、现实与未来相贯通的大智慧，纵览近代以来人类企望建立公正合理的国际秩序的历史进程，对形成和发展公正合理的国际关系格局赖以遵行的基本理念进行了政治哲学意义上的梳理和表达，提出了全人类共同价值观。

这一全人类共同价值观彰显了习近平总书记关于构建新型国际关系的价值理念。推动建立新型国际关系，共同建设合作共赢的美好世界，是当代世界和平与发展进程面临的一个紧迫的重大时代课题，迫切需要崭新的国际关系价值理念的指引和推动。习近平总书记鲜明阐述人类社会的共同价值理念，致力于建设公平公正的美好世界，为构建新型国际关系注入正能量，从而极大地提升了国际道义的感召力。

（四）推动人类政治文明进步

第一，新时代中国法治为发展中国家走向法治现代化提供了可资借鉴的经验。第二次世界大战结束以后，随着殖民主义体系的崩溃，广大发展中国家纷纷走上了民族独立的道路。一些发展中国家在推进现代化的过程中，以西方法治为模本实行法治改革，结果丧失了法治发展的自主性，陷入了各种各样的发展陷阱。因此，如何走出一条符合本国实际的法治现代化道路，就成为广大发展中国家亟待解决的一个重大问题。中国是世界上最大的发展中国家。中国共产党领导人民经过艰辛探索，成功地走出了一条中国式的法治现代化道路。习近平法治思想坚持自上而下、自下而上双向互动推进法治化的有机统一，坚持法治发展的变革性与连续性的有机统一，坚持借鉴国际法治经验与立足本国法治国情的有机统一，破除了法治发展领域的"西方中心主义"，为解决发展中国家法治现代化进程中面临的困境提供了经验借鉴。

第二，新时代中国法治为世界法治文明进步提出了中国主张。人们通常把法系理解为具有某种共同法律文化渊源和传统的法律共同体之集合，如大陆法系、英美法系、中华法系、伊斯兰法系等。中华法治文明源远流长、经久相沿。在漫长的文明发展进程中，中华民族铸造了体现独特的民族智慧和品格的博大精深的法制文明系统，"形成了世界法制史上独树一帜的中华法系，积淀了深厚的法律文化"①。在当代中国，党领导人民走中国特色社会主义法治道路，传承中华法治文明，创造人类法治文明新形态。习近平法治思想在把握人类法治文明发展大势的基础上，总结中国法治体系建设和法治实践的经验，阐发中国优秀传统法治文化，回答人类法治进程中的普遍性问题，为世界法治文明进步提出了中国主张。

第三，新时代中国法治为人类探索建设更好社会制度贡献了中国智慧。建立什么样的国家制度，是近代以来中国人民面临的一个历史性课题，也是世界各国面临的重大课题。

---

① 习近平. 坚定不移走中国特色社会主义法治道路 为全面建设社会主义现代化国家提供有力法治保障. 求是，2021（5）.

我们党自成立之日起就致力于建设人民当家作主的新社会，提出了关于未来国家制度的主张，并领导人民为之斗争。新中国成立后，我们党领导人民不断探索实践，逐步形成了中国特色社会主义国家制度和法律制度，为当代中国发展进步提供了根本保障，也为新时代推进国家制度和法律制度建设提供了重要经验。党的十八大以来，以习近平同志为核心的党中央对国家制度和法律制度作出了一系列战略部署，中国特色社会主义制度日趋成熟定型，中国特色社会主义法治体系不断完善，我国制度优势不断转化为国家治理效能，中国特色社会主义国家制度和法律制度在实践中显示出巨大优势，保障我国创造出经济快速发展、社会长期稳定的奇迹，为推动党和国家事业取得历史性成就、发生历史性变革发挥了重大作用。习近平法治思想深刻总结了新中国国家制度和法律制度建设的经验，科学回答了当代中国国家制度和法律制度建设中的一系列重大理论和实践问题，集中展现了当代中国共产党人对人类制度文明史的伟大创造，为人类探索建设更好社会制度贡献了中国智慧。

二、统筹推进国内法治和涉外法治

第一，实践中，国内法治和涉外法治、国内治理和国际治理深刻关联渗透，要从建构人类命运共同体的宏大格局、应对世界百年未有之大变局和实现中华民族伟大复兴中国梦的"时代之问"高度清醒认识、统筹推进。

当今世界正经历百年未有之大变局,世界经济增长新旧动能加速转换,国际力量格局深刻调整,全球治理体系深刻重塑,世界多极化、经济全球化、社会信息化、文化多样化深入发展。作为世界上最大的发展中国家,中国的法治现代化进程和法学理论体系自近代以来学习和借鉴先发达国家经验已有一百多年的历史;作为一个在国际格局中地位日益重要、解决国际问题作用日益显著的大国,中国的法治体系建设、法治思想传播、法学教育发展必然有极大外溢效应,不能不分析法治中国建设中的涉外法治问题。统筹推进国内法治与涉外法治两个大局,无论对于准确认知和处理国际法治在中国法治理论体系中的位置,还是对于中国参与国际法治、充分利用以及主导国际法体系的实践,都具有非常重要的意义。可以说,中国越是客观、全面地认识到世界法治对于中国的作用和影响,越是深入、准确地把握国内法治与涉外法治的辩证关系,就越有利于积极主动地参与和引领新型国际法治的建构,就越有利于全面深化改革和全面建设社会主义现代化国家,越有利于实现中国长久的繁荣和稳定的发展。

第二,理论上,虽然国内法治和国际法治相互独立,但我国法治的学科体系、研究体系、教育体系深受国际法治影响,需要在新时代结合中国国情守正创新,构建安顿国人生活与心灵、具有全球影响的"新中华法系",构建因应世界和平与发展大局的涉外法治概念体系、法治话语体系、法治理论体系。

　　国际法治与中国法治是法治这个总系统中两个彼此独立的子系统，二者各有其特定的规范基础、组织架构、程序规则和运行机制，彼此不存在隶属关系，因而各自有其背景、要求、表现、目标。中国法治是中国治国理政的方式方法及实践，国际法治则是处理国家之间关系的制度与实践，二者在行为体、基本规范、运作方式上均有不同。"涉外法治"则将上述两个概念联结在一起，包含国内法治走出去、国际化和国际法治请进来、对接国内法治两个部分内容，即"国际法中国化"和"中国法国际化"。毋庸讳言，当前国际法体系主要源自西方，更多体现着西方发达国家的法治观念、政治意志和国家利益。我国学者的重要任务，就是将中国立场与国际公理相结合，提升中国涉外法治理论的话语权。努力构建中国涉外法治的自主知识体系。

　　第三，战略上，因应层出不穷的全球问题，构建促进人类自身安全与发展，推动国际社会协调行动，引领各国团结合作解决人类重大问题，有效维护国际社会共同利益的涉外法治。

　　当今世界正处在全球治理体系重构的历史进程之中。一方面，中国深入思考"世界怎么了，我们怎么办"这一世界之问、时代之问，深刻洞察当今世界百年未有之大变局的历史方位和时代走向，秉持构建人类命运共同体的理念，提出了共同推动国际关系民主化、法治化、合理化的主张，为推动全球治理体系变革提供了中国方案。另一方面，在全球治理各个领域，探索将人类命运共同体理念融入具体国际法规范，促进国际合作实践，为建设相互尊重、公平正义、合作共赢的新型国际关系提供思想和制度支撑。

三、构建以人类命运共同体为导向的涉外法治体系

社会主义法治国家，应当是能够站在人类法治和道义制高点上提出世界法治发展方案，推动构建新型国际法治体系的国家。"我们观察和规划改革发展，必须统筹考虑和综合运用国际国内两个市场、国际国内两种资源、国际国内两类规则。"① "全球治理体系正处于调整变革的关键时期，我们要积极参与国际规则制定，做全球治理变革进程的参与者、推动者、引领者。"②

第一，共同推动国际关系法治化，维护国际法和国际秩序的权威性和严肃性。"要提高国际法在全球治理中的地位和作用，确保国际规则有效遵守和实施，坚持民主、平等、正义，建设国际法治。"③ 应强化法治思维，运用法治方式，有效应对挑战、防范风险，综合利用立法、执法、司法等手段开展斗争，坚决维护国家主权、尊严和核心利益；应推动各

---

① 习近平．习近平谈治国理政：第2卷．北京：外文出版社，2017：442-443.

② 习近平．论坚持全面依法治国．北京：中央文献出版社，2020：225.

③ 同①529.

方在国际关系中遵守国际法和公认的国际关系基本原则，用统一适用的规则来明是非、促和平、谋发展；应共同维护国际法和国际秩序的权威性和严肃性，各国都应该依法行使权利，反对歪曲国际法，反对以"法治"之名行侵害他国正当权益、破坏和平稳定之实。

第二，构建人类命运共同体，使全球治理体制更加平衡地反映大多数国家的意愿和利益。构建人类命运共同体是习近平总书记提出的时代命题和全球课题，他指出，"我们要继承和弘扬联合国宪章的宗旨和原则，构建以合作共赢为核心的新型国际关系，打造人类命运共同体。"[①] 国际法治对构建人类命运共同体至关重要，全球治理规则民主化、法治化、公正化是构建人类命运共同体的前提条件。要推动变革全球治理体制中不公正不合理的安排，推动国际货币基金组织、世界银行等国际经济金融组织切实反映国际格局的变化，特别是要增加新兴市场国家和发展中国家的代表性和发言权。要弘扬共商共建共享的全球治理理念，推动各国在国际经济合作中权利平等、机会平等、规则平等，推进全球治理规则民主化、法治化，努力使全球治理体制更加平衡地反映大多数国家意愿和利益[②]。

第三，积极参与和引导国际规则制定，推动形成公正合理的国际规则体系。当今世界法治发展正处于多元竞争、迭

---

① 习近平. 习近平谈治国理政：第2卷. 北京：外文出版社，2017：522.

② 习近平. 论坚持推动构建人类命运共同体. 北京：中央文献出版社，2018：259-261.

代更新的大变革时期，中国法治迫切需要抢占世界法治制高点，大幅提升国际法治话语权。习近平总书记多次强调，我国要积极参与国际规则制定，推动全球治理规则变革。推动建设国际经济金融领域、新兴领域、周边区域合作等方面的新机制新规则，推动建设和完善区域合作机制，加强周边区域合作，加强国际社会应对全球性挑战的能力。我们要加大涉外法治参与，聚焦当前各国共同关心的全球环境污染、气候变化、资源能源安全、网络信息安全、知识产权保护、打击恐怖主义、反腐败、扶贫减灾、太空开发利用、防范重大传染性疾病等全球公共问题，组织开展国际法的集群性研究，研究之、利用之、改造之，为世界法治发展提供更多凝聚中国智慧和中国价值的解决方案。

第四，健全涉外法律工作体系，加快推进我国法域外适用的法律体系建设。构建与大国地位相适应的涉外法律工作体系，是提高依法维护我国主权、安全和利益的能力的迫切需要。要加快推进我国法域外适用的法律体系建设，加强涉外法治专业人才培养，积极发展涉外法律服务，强化企业合规意识，保障和服务高水平对外开放。完善外商投资国家安全审查、反垄断审查、国家技术安全清单管理、不可靠实体清单等制度，提高应对境外安全风险能力和反制能力。围绕促进共建"一带一路"国际合作，推进国际商事法庭建设与完善。推动我国仲裁机构与共建"一带一路"国家仲裁机构合作建立联合仲裁机制。建立涉外工作法务制度，推动驻外使领馆设立法务参赞、警务联络官等，及时向赴境外人员提供安全和法律服务，支持有关企业和人员在境外依法维权。强化涉外法律服务，维护我国公民、法人在海外及外国公民、法人在我国的正当权益。引导对外经贸合作企业加强合规管理，提高法律风险防范意识。建立健全域外法律查明机制。推进对外法治宣传，讲好中国法治故事。

第五，积极推进国际执法司法合作，加强多双边法治对话。中国对国际司法采取积极合作的态度，尊重和支持说公道话、作公正裁决的国际司法。深化司法领域国际合作，完善我国司法协助体制机制，扩大国际司法协助覆盖面，推进引渡、遣返犯罪嫌疑人和被判刑人移管等司法协助领域国际合作。加强反腐败国际合作，加大海外追逃追赃、遣返引渡力度。积极参与执法安全国际合作，共同打击暴力恐怖势力、民族分裂势力、宗教极端势力和贩毒走私、跨国有组织犯罪。

第六，大力培养涉外法治人才，全面提高涉外工作法治化水平。习近平总书记指出，一个国家对外开放，必须首先推进人的对外开放，特别是人才的对外开放[1]。当今世界，聚才用才应该包括国内国际两个方面的人才，除了利用我国的法学教育体系培养卓越的涉外法治人才外，培养和引进高水平的外国法治人才为我所用也非常重要。随着全球治理体系结构发生深刻变革，国际法治领导权竞争更为激烈，各国纷纷争夺国际规则制定权、国际组织主导权、国际法律服务市场占有权。与西方主要国家相比，我国在这方面还存在明显

---

① 中共中央文献研究室．习近平关于科技创新论述摘编．北京：中央文献出版社，2016：114-115.

的短板和弱项。我们要加快培养一批具有全球视野、通晓国际法律规则和实务、具有极强的外语交涉能力，能够在国际舞台上掌握话语权、维护国家利益的高素质涉外法治人才；我们要推举更多优秀人才到国际组织特别是国际仲裁机构、国际司法机构任职，让国际组织有更多中国面孔、中国声音；我们要加快建设一批具有国际影响力的司法、仲裁机构，加快推进法律服务走出去战略，努力占领国际法治制高点。

参考文献

（一）习近平总书记讲话与著述

［1］习近平在中央全面依法治国工作会议上强调 坚定不移走中国特色社会主义法治道路 为全面建设社会主义现代化国家提供有力法治保障．人民日报，2020－11－18（1）．

［2］领导干部要做尊法学法守法用法的模范 带动全党全国共同全面推进依法治国．人民日报，2015－02－03（1）．

［3］习近平．高举中国特色社会主义伟大旗帜 为全面建设社会主义现代化国家而团结奋斗：在中国共产党第二十次全国代表大会上的报告．北京：人民出版社，2022．

［4］习近平．关于《中共中央关于全面推进依法治国若干重大问题的决定》的说明．光明日报，2014－10－29（1）．

［5］习近平．加快建设社会主义法治国家．求是，2015（1）．

［6］习近平．加强党对全面依法治国的领导．求是，

2019（4）.

[7] 习近平. 坚持、完善和发展中国特色社会主义国家制度与法律制度. 求是，2019（23）.

[8] 习近平. 坚持走中国特色社会主义法治道路 更好推进中国特色社会主义法治体系建设. 求是，2022（4）.

[9] 习近平. 坚定不移走中国特色社会主义法治道路 为全面建设社会主义现代化国家提供有力法治保障. 求是，2021（5）.

[10] 习近平. 论坚持全面依法治国. 北京：中央文献出版社，2020.

[11] 习近平. 论坚持推动构建人类命运共同体. 北京：中央文献出版社，2018.

[12] 习近平. 习近平谈治国理政. 北京：外文出版社，2014.

[13] 习近平. 习近平谈治国理政：第 1 卷 . 2 版. 北京：外文出版社，2018.

[14] 习近平. 习近平谈治国理政：第 2 卷. 北京：外文出版社，2017.

[15] 习近平. 习近平谈治国理政：第 4 卷. 北京：外文出版社，2022.

[16] 习近平. 在庆祝全国人民代表大会成立 60 周年大会上的讲话. 北京：人民出版社，2014.

[17] 习近平. 在首都各界纪念现行宪法公布施行 30 周年大会上的讲话. 人民日报，2012 - 12 - 05（2）.

[18] 中共中央文献研究室.习近平关于全面依法治国论述摘编.北京：中央文献出版社，2015.

（二）官方文件、报告、讲话、图书

[1] 邓小平.邓小平文选：第2卷.2版.北京：人民出版社，1994.

[2] 邓小平.邓小平文选：第3卷.北京：人民出版社，1993.

[3] 法治社会建设实施纲要（2020—2025年）.北京：人民出版社，2020.

[4] 谢觉哉.谢觉哉日记：上卷.北京：人民出版社，1984.

[5] 中共中央文献研究室.十八大以来重要文献选编：中.北京：中央文献出版社，2016.

[6] 中共中央宣传部，中央全面依法治国委员会办公室.习近平法治思想学习纲要.北京：人民出版社，2021.

[7] 中华人民共和国国务院新闻办公室."一国两制"下香港的民主发展.北京：人民出版社，2021.

（三）报刊文章

[1] 冯玉军.习近平法治思想确立的实践基础.法学杂志，2021（1）.

[2] 冯玉军.中国法治的发展阶段和模式特征.浙江大学学报（人文社会科学版），2016（3）.

［3］高绍林，张宜云．人工智能在立法领域的应用与展望．地方立法研究，2019（1）．

［4］马森述．深刻认识监察法的重大意义和科学内涵．中国纪检监察，2018（6）．

［5］张文显．习近平法治思想的基本精神和核心要义．东方法学，2021（1）．

［6］张文显．习近平法治思想研究（上）：习近平法治思想的鲜明特征．法制与社会发展，2016（2）．

［7］黄坤明．坚持马克思主义在意识形态领域指导地位的根本制度（深入学习贯彻党的十九届四中全会精神）．人民日报，2019－11－20（6）．

（四）网络文献

［1］国家监委向全国人大常委会报告专项工作披露了哪些数据．https：// www.ccdi.gov.cn/yaowen/202008/t20200810_223558.html.

［2］李飞．立法法与全国人大常委会的立法工作．http：// www.npc.gov.cn/npc/c30834/202010/5753daa65d374914b08d425e02b92b70.shtml.

［3］习近平在中国政法大学考察．http：// www.xinhuanet.com/politics/2017－05/03/c_1120913310.htm．

［4］张军．最高人民检察院工作报告．https：// www.spp.gov.cn/spp/gzbg/201903/t201903 19_412293.shtml.

［5］张军．最高人民检察院工作报告．https：//

www. spp. gov. cn/spp/gzbg/202006/t20200601 _ 463798. shtml.

［6］张军．最高人民检察院工作报告．https：//
www. spp. gov. cn/spp/gzbg/202103/t20210315 _ 512731. shtml.

（五）古籍

［1］《白虎通义·三纲六纪》

［2］《管子》

［3］《韩非子·饰邪》

［4］《商君书·算地第六》

［5］《王安石文集·周公》

［6］《潜夫论笺校正·述赦》

后 记

习近平总书记指出，我们正处于中华民族伟大复兴战略全局和世界百年未有之大变局之中。这"两个大局"是当代中国的谋事之基和决策之要。客观形势和内外挑战的"极不寻常"，也预示着我们踔厉奋发推进经济社会与法治建设事业的"极不平凡"。向国人、向世界讲好中国故事，讲好中国新时代法治故事，应当成为学人肩上的重任。

本书向国内外读者展示了新时代中国法治建设取得的成就，并通过权威可靠的数据和理论化、系统化的论证，增强了新时代中国法治的信度与效度，证成了中国特色社会主义法治道路的必要性与可行性，并以此使本书获得了独特的市场定位与出版价值。

本书写作以习近平法治思想为指导，党的十八大、十九大、二十大报告，法治建设有关的全会决定，全国人大常委会、最高人民法院和最高人民检察院的年度工作报告，以及法治建设"一规划两纲要"(《法治中国建设规划(2020—2025年)》《法治政府建设实施纲要(2021—2025年)》《法治社会建设实施纲要(2020—2025年)》)是本书写作的重要参考文献。冯玉军近年来在习近平法治思想和全面依法治国研究领域的系列著作为本书的写作奠定了坚实基础,包括:《迎接法治新时代》,中国人民大学出版社2015年4月版;《法论中国》,清华大学出版社2015年2月版;《法治中国:中西比较与道路模式》,北京师范大学出版社2017年1月版;《中国法治的道路与特色》,中国社会科学出版社2017年6月版;《全面推进依法治国新征程》,中国人民大学出版社2017年8月版;《在法治轨道上建设中国式现代化》,人民出版社2023年11月版;等等。

本书由冯玉军进行总体设计和全书统稿,导论和第一至三章由冯玉军单独完成,第四至七章由王起超和冯玉军两人合作完成,本书也是师生合作撰著学术理论成果的一个宝贵见证。

出版之际,要特别感谢中国人民大学出版社郭晓明副社长,将本书纳入重点图书,并给予无微不至的关心支持。感谢徐小玲等编辑,他们的认真校对与高效工作使得本书顺利付梓。

冯玉军

2023年5月28日于世纪城寓所

"认识中国·了解中国"书系

中国智慧：十八大以来中国外交（中文版、英文版）　　金灿荣

中国治理：东方大国的复兴之道（中文版、英文版）　　燕继荣

中国声音：国际热点问题透视（中文版、英文版）

中国国际问题研究院

大国的责任（中文版、英文版）　　金灿荣

中国的未来（中文版、英文版）　　金灿荣

中国的抉择（中文版、英文版）　　李景治

中国之路（中文版、英文版）　　程天权

中国人的价值观（中文版、英文版）　　宇文利

中国共产党就是这样成功的（中文版、英文版）　　杨凤城

中国经济发展的轨迹　　贺耀敏

当代中国人权保障（中文版、英文版）　　常　健

当代中国农村（中文版、英文版）　　孔祥智

教育与未来——中国教育改革之路（中文版、英文版）

周光礼　周　详

当代中国教育　　顾明远

全球治理的中国担当　　靳　诺 等

中国道路能为世界贡献什么（中文版、英文版、俄文版、
法文版、日文版）　　韩庆祥　黄相怀

时代大潮和中国共产党（中文版、英文版、法文版、
　日文版）　　　　　　　　　　　　　　　　李君如

社会主义核心价值观与中国文化国际传播　　　　韩　震

我眼中的中韩关系　　　　　　　　　　　［韩］金胜一

中国人的理想与信仰（中文版、英文版）　　　　宇文利

改革开放与当代中国智库（中文版、英文版）　　朱旭峰

当代中国政治（中文版、英文版）　　　　　　　许耀桐

当代中国社会：基本制度和日常生活（中文版、英文版）

　　　　　　　　　　　　　　　李路路　石　磊等

国际关注·中国声音（中文版、英文版）　　本书编写组

中国大视野 2——国际热点问题透视　中国国际问题研究院

中国大视野——国际热点问题透视　中国国际问题研究所

构建人类命运共同体（修订版）　　　　　陈　岳蒲　俜

新时代中国声音：国际热点问题透视　中国国际问题研究院

中国生态文明新时代　　　　　　　　　　　　　张云飞

当代中国扶贫（中文版、英文版）　　　　　　　汪三贵

当代中国行政改革　　　　　　　　　麻宝斌　郝瑞琪

当代中国伦理的变迁　　　　　　　　姚新中　王水涣

数字解读中国：中国的发展坐标与发展成就（中文版、英文
版）

　　　　　　　　　　　　　　　贺耀敏　甄　峰

中国经济：持续释放大国的优势和潜力　　　　张占斌

对话中国　　　　　　　　　　　　　　　本书编写组

中国的持续快速增长之道　　　　　　　［巴基］马和励

中国新时代（中文版、英文版）　　　　　　　　　　　辛向阳

中国之治的制度密码（中文版、英文版）　　　靳　诺　刘　伟

民族复兴的制度蓝图（中文版、英文版）　　　靳　诺　刘　伟

中国之治：国家治理体系和治理能力现代化十五讲（中文版、英文版）　　　　　　　　　　　　　　　　　杨开峰　等

消除贫困：中国的承诺　　　　　　　　　　　汪三贵　等

中国农业农村现代化（中文版、英文版）　　　孔祥智　等

以人民为中心：新时代中国民生保障（中文版、英文版）
　　　　　　　　　　　　　　　　　　　　　　　郑功成

当代中国社会建设（中文版、英文版）　　　　　　马庆钰

中国话语体系的建构　　　　　　　　　　　　　　贺耀敏

中国互联网治理　　　　　　　　　　　　　　　　匡文波

中国式现代化与法治中国　　　　　　　冯玉军　王起超

图书在版编目（CIP）数据

中国式现代化与法治中国/冯玉军，王起超著．

北京：中国人民大学出版社，2025.1. --（"认识中国·了解中国"书系）. -- ISBN 978-7-300-32659-7

Ⅰ. D920.0

中国国家版本馆 CIP 数据核字第 20242A13U1 号

国家出版基金项目

"十四五"时期国家重点出版物出版专项规划项目

"认识中国·了解中国"书系

中国式现代化与法治中国

冯玉军　王起超　著

Zhongguoshi Xiandaihua yu Fazhi Zhongguo

出版发行	中国人民大学出版社				
社　　址	北京中关村大街 31 号		**邮政编码**	100080	
电　　话	010 - 62511242（总编室）		010 - 62511770（质管部）		
	010 - 82501766（邮购部）		010 - 62514148（门市部）		
	010 - 62515195（发行公司）		010 - 62515275（盗版举报）		
网　　址	http：//www. crup. com. cn				
经　　销	新华书店				
印　　刷	天津中印联印务有限公司				
开　　本	890 mm×1240 mm　1/32		**版　　次**	2025 年 1 月第 1 版	
印　　张	8.75 插页 1		**印　　次**	2025 年 1 月第 1 次印刷	
字　　数	158 000		**定　　价**	58.00 元